AS MELHORES HISTÓRIAS DA MITOLOGIA EGÍPCIA

Livros dos autores publicados pela **L&PM** EDITORES

Akhenaton e Nefertiti (**L&PM** POCKET)

As 100 melhores histórias da Bíblia

Deuses, heróis & monstros (infantojuvenil)

As melhores histórias da mitologia – volume 1 – (deuses, heróis, monstros e guerras da tradição greco-romana) (**L&PM** POCKET)

As melhores histórias da mitologia – volume 2 – (deuses, heróis, monstros e guerras da tradição greco-romana) (**L&PM** POCKET)

As melhores histórias da mitologia egípcia

As melhores lendas medievais

A.S. Franchini:

As 100 melhores lendas do folclore brasileiro

Carmen Seganfredo / A.S. Franchini

As melhores histórias da Mitologia Egípcia

L&PM EDITORES

Texto de acordo com a nova ortografia.

Primeira edição: outubro de 2006
Também dispinível na Coleção L&PM POCKET: (2012)

Capa: Marco Cena
Revisão: L&PM Editores

CIP-Brasil. Catalogação na Fonte
Sindicato Nacional dos Editores de Livros, RJ.

F89m

Franchini, A. S. (Ademilson S.), 1964-
As melhores histórias da mitologia egípcia / A. S. Franchini, Carmen Seganfredo. – Porto Alegre, RS: L&PM, 2021.
192p.

ISBN 978-85-254-1614-8

1. Mitologia egípcia - Ficção. 2. Ficção brasileira. I. Seganfredo, Carmen, 1956- II. Título.

12-4329. CDD: 869.93
CDU: 821.134.3(81)-3

Rua Comendador Coruja, 314, loja 9 – Floresta – 90.220-180
Porto Alegre – RS – Brasil / Fone: 51.3225.5777

Pedidos & Depto. Comercial: vendas@lpm.com.br
Fale conosco: info@lpm.com.br
www.lpm.com.br

Impresso pela Meta Brasil
2021

SUMÁRIO

PREFÁCIO

A riquíssima cultura do Antigo Egito vem despertando cada vez mais a atenção de leitores do mundo todo, fato que salta aos olhos de qualquer frequentador de livrarias, onde abundam títulos sobre o tema, seja em obras de ficção ou não. Bom exemplo é a série "Ramsés", do francês Christian-Jacq, que já vendeu milhões de exemplares pelo mundo afora, tornando-se também aqui, no Brasil, um best-seller.

Entretanto, como a maioria dessas obras se detém muito pouco nas histórias da mitologia propriamente dita, deixando-a apenas subentendida – ou rapidamente explicada –, resolvemos contá-las pormenorizadamente neste livro. Assim, o leitor tem a oportunidade de conhecer, de maneira leve e agradável, os traços básicos das principais divindades do panteão egípcio e as aventuras nas quais elas se viram envolvidas.

Ao contrário das divindades gregas, cujo simbolismo é, na maioria das vezes, meridianamente simples, no caso das divindades egípcias essa simbologia torna-se bem mais complexa. Não é nada fácil, por exemplo, destrinçar a vasta e intrincada teia metafísica que os teólogos da época teceram em torno de Rá, a principal de suas divindades. Dotada de uma teologia digna do deus dos cristãos, essa divindade solar está no centro do panteão egípcio, cercada por uma corte relativamente pequena de deuses menores – tais como Hórus, Osíris, Ísis, Seth, Anúbis e Thot –, todos os quais o leitor conhecerá, em seus atributos essenciais, ao ler as movimentadas histórias que seguem.

Teologias à parte, privilegiamos aqui o lado aventuresco e fabular da mitologia egípcia, recriando os eventos dos enredos originais (tal como fizemos com a mitologia grega, em outra obra), acrescentando apenas algumas circunstâncias para dar um colorido maior à trama, tornando-a, assim, mais atraente ao leitor contemporâneo. Os deuses egípcios em ação, em histórias cujos enredos fascinam pelo inesperado de suas reviravoltas, é o que você, leitor, terá agora diante dos olhos.

Os autores

O NASCIMENTO DO MUNDO

Nada ainda existe no mundo a não ser Nun, o grande oceano primitivo que um dia será chamado pelos sábios de "sagrado Nilo". Ao seu redor, reinam o silêncio, as trevas e o caos infindo, não havendo ainda olho humano que possa perceber a ausência das formas, dos volumes e das cores. Não há nem mesmo morte nesse opaco universo, já que vida alguma existe ali. O informe deus Nun permanece imerso desde sempre em seu sono primitivo, não passando ele – e o próprio universo, já que Nun e ele se confundem – de um grande espelho liquefeito de águas imparciais, escuras e silentes, a refletirem o nada inexpressivo que habita o mundo.

E então, inesperadamente, o grande mistério acontece: Nun começa subitamente a mover-se, despertando, enfim, de seu longo sono primordial. Negras tempestades agitam o espelho opaco das águas revoltas enquanto grandes massas escuras de água são lançadas para o alto, fazendo explodir em todas as direções imensos e trepidantes jorros de espuma negra.

Aos poucos a força vital de Nun começa a operar, e das profundezas do mar revolto surge lentamente uma pequena ilha envolta pelo impenetrável manto da escuridão. Um primeiro progresso se fez perceber, pois onde antes havia somente uma, agora há duas trevas: a treva imóvel da terra e a treva ondulante do mar. Brotada no centro dessa pequena ilha ergue-se, aos poucos, uma pequena flor de lótus, alva e delicada e que se destaca no meio da treva circundante. O universo conhece seu primeiro momento de espantosa beleza ao contemplar aquela pequena flor, frágil e solitária, a desafiar a escuridão silente do Nada. Então, do centro da flor começam a emanar lentamente finíssimos raios de uma fulva claridade. As pétalas do lótus vão abrindo-se e da luz que dele emana forma-se, finalmente, a figura soberana de uma nova e luzente divindade. Alguns a chamarão de Rá, outros, de Amon e, ainda outros, de Amon-Rá – aquele ser divino que um dia as gerações futuras louvarão como o abençoado deus solar.

A nova divindade emerge de seu delicado leito estendendo seus raios flamejantes pela terra inteira – ainda vasta paisagem árida e infinitamente desolada –, riscando o horizonte negro com seus retilíneos feixes dourados, até que tudo se torna claro o bastante para que se possa separar a luz da treva. Recém-despertos para a vida, os olhos de Rá nublam-se de luminosas lágrimas ao enxergar o pouco que ainda há no mundo e o muito que lhe falta. Uma gota cristalina desliza e cai de seus olhos brilhantes, indo entranhar-se na terra dura e seca que o calor de seu próprio corpo gretara. Dessa gota divina, um dia, surgirá a humanidade.

Depois, os olhos do poderoso Rá fecham-se e seu pensamento se dedica a criar outras divindades que lhe façam companhia. Uma a uma elas vão surgindo, nomeadas pelo deus solar: primeiro Tefnet, a deusa da água, e Chu, o deus do ar, que habitarão no firmamento, glorificando o deus supremo. Então, da união desses dois deuses nascem Geb, deus da terra, e a bela Nut, deusa do firmamento. Os últimos, por sua vez, dão origem à primeira geração de deuses a habitar a sagrada terra do Egito: as deusas Ísis e Néftis e os deuses Seth e Osíris.

Primogênito entre todos, o puro Osíris virá ao mundo para cumprir o ciclo inteiro da vida e da morte. Será o grande deus civilizador que ensinará aos homens, ainda imersos na barbárie e na ignorância, as sagradas artes da agricultura e do culto. Ele tornará próspero o Egito, espalhando a civilização por todo o mundo, além de ser o primeiro deus a possuir a forma humana e a reinar sobre as criaturas de forma inconteste. Ísis, sua irmã e esposa, reinará ao seu lado sobre as terras que circundam o majestoso Nilo, em paz e harmonia, ainda que sob os olhos amargos de inveja do sinistro Seth, sedento de maldade e poder.

Muitas histórias de heroísmo e vilania dessa dinastia gloriosa ainda estão por acontecer: desde a decadência natural do primitivo Rá, e de como Ísis astuta lhe tomará o cetro, até o crime horrendo que Seth perpetrará contra seu próprio irmão Osíris. Ao fim de tudo, entretanto, o divino Hórus, filho intrépido do deus assassinado, retomará o cetro que por direito eterno lhe cabe, enquanto Osíris irá reinar, soberano, entre os mortos.

Estas histórias todas, porém, só nos serão contadas no seu devido tempo.

O NASCIMENTO DE ÍSIS E OSÍRIS

Segundo os antigos egípcios, o mundo surgiu de Nun, um grande oceano primitivo que os sábios identificaram como o rio Nilo, fonte de vida e abundância para todo o Egito. Essa obscura divindade gerou Rá, o supremo deus solar que deu posteriormente ao mundo uma nobre descendência. Dentre esses descendentes estavam Geb e Nut, personificações, respectivamente, da Terra e do céu.

Rá, contudo, havia estabelecido desde sempre que Geb e Nut jamais haveriam de se unir para procriar novos deuses, pois ele, como deus soberano, temia a perda do poder absoluto caso essa união viesse a acontecer. Contudo, Rá, pouco previdente, permitira que ambos permanecessem perigosamente próximos um do outro, pois enquanto Geb, personificação masculina da Terra, vivia estirado sobre o leito do mundo, Nut, a deusa celestial, permanecia encurvada acima dele, apoiada apenas nas pontas dos dedos das mãos e dos pés. Durante a longa era em que ambos permaneceram assim, não tiveram outra coisa a fazer senão observarem-se mutuamente.

– Nut, ó minha bela irmã! – disse um dia Geb, tomando coragem para dirigir a palavra à deusa que pendia sempiterna sobre si. – Não se aborrece de estar o tempo todo suspensa aí no alto?

A deusa afastou os longos e sedosos cabelos que lhe pendiam da cabeça, fazendo com que uma chuva fresca de orvalho descesse sobre o corpo estendido do deus.

– Não, pois tenho muitas e belas coisas para observar – disse ela, com os milhares de olhos estrelados que lhe recobriam o rosto a faiscarem vividamente. – Mas já que você toca no assunto, demonstrando sua preocupação, não nego que seria um alívio para minhas doloridas costas se pudesse espichá-las um pouco – completou ela, dando um ligeiro suspiro de dor.

Geb, feliz por poder prosseguir a conversa, respondeu assim às palavras da deusa:

– Ora, e por que não o faz, se assim manda a sua vontade?

– Porque, ao fazê-lo, meu corpo ficaria quase unido ao seu – respondeu a deusa, afetando uma grave preocupação. – Sei eu, porventura, se o descanso de meu corpo não importaria em incômodo para o seu?

– Oh, não, estrelada Nut, por certo que não...! – retrucou Geb, numa precipitação que revelava algo mais que a polidez divina. – Se está cansada de permanecer encurvada como um sublime arco, pode, com toda a certeza, espichar os nervos e tendões de seus delgados braços e de suas distendidas coxas. Nenhum desgosto traria à minha pele sentir a tepidez da sua.

A deusa fez, então, como Geb dissera, e logo seu corpo negramente aveludado espichou-se, dando alívio às suas costas encurvadas e fazendo com que ao mesmo tempo seu tronco descesse quase ao nível da Terra. Um grande suspiro de alívio brotou dos lábios frescos de Nut. Entretanto, a sensação enorme de alívio fez com que não fosse capaz de perceber que seus seios, naturalmente fartos e tornados ainda mais proeminentes pela força da gravidade, roçassem suas pontas, suavemente, no amplo peito do deus estendido.

– Oh, perdão! – disse ela, erguendo-se instintivamente ao sentir pela primeira vez o contato. – Não foi de propósito!

– Ora, não foi nada... – disse Geb, um tanto desconcertado também.

E assim permaneceram por mais algumas eras – pois naqueles dias primordiais da sedução havia tempo de sobra para a requintada arte da protelação –, até que Nut pediu licença a Geb, outra vez, para abaixar-se "só um tantinho mais".

O deus alegremente acedeu, e Nut desceu ainda mais o seu corpo, até seus seios repousarem francamente sobre o peito rígido de Geb. Desta vez, porém, ela não recuou nem pediu desculpa alguma, pois seus olhos cerrados simulavam um sono de fingida inocência.

"Que assim permaneçam", pensou o deus, tacitamente concordante. "Serão a um só tempo um delicioso prazer e uma amena barreira ao exército rebelado de meus desejos."

Porém, ao sentir o coração da deusa bater de encontro ao seu, percebeu que o escudo macio que os separava se convertera em estímulo, sendo agora um motivo a mais para que se completasse a rebelião nas hostes de seus desejos, solidamente arregimentados e de lanças avidamente enristadas.

Nut foi despertada de seu fingido sono ao sentir que havia agora um segundo ponto de contato entre ambos e que não era ela, certamente, quem o patrocinava, já que seu corpo não havia descido um milímetro de encontro à terra. Num gesto que nem mesmo Bastet, a deusa felina, poderia ter igualado, ela saltou para o alto como uma perfeita gata, indo cair de quatro novamente, acima de Geb, com o ventre contraído ao máximo.

– Ora, que atrevido...! – exclamou a deusa dos céus, tão rubra que os pássaros começaram a cantar, imaginando que já era o dia que surgia.

Geb não conseguiu reter uma gostosa gargalhada, que deixou a deusa desconcertada a ponto de não saber como reagir. Mas o riso dele era, afinal, tão puro e despido de malícia que ela, despindo também suas fingidas suscetibilidades, resolveu soltar livremente as rédeas de seu soberano instinto.

A bela Nut desceu inteira sobre Geb e assim permaneceram ambos por onze eras inteiras.

◆ ◆ ◆

A união de Geb e Nut não passou despercebida, e logo um mensageiro foi levar a Rá a funesta nova, mesmo sabendo que lhe provocaria terrível ira.

– Malditos traidores! – exclamou o deus, fazendo com que o disco solar que lhe ornamentava a cabeça despedisse assustadoras chispas.

– São apenas rumores, sublime divindade... – disse o mensageiro, temeroso de que a ira de Rá extravasasse ali mesmo. (Já naquele tempo, sabiam os mensageiros que não raro terminam como vítimas inocentes dos males que anunciam.)

O rosto de Rá assumia, cada vez mais, a forma adunca de um falcão, enquanto seus olhos negros e pequenos como contas também pareciam fulgurar sinistramente.

– Silêncio, imbecil! – exclamou o furibundo deus, fechando-se em si mesmo. O mensageiro, sem dar-lhe as costas, retirou-se à maneira prudente dos caranguejos, pois sabia que o deus já começara a planejar sua vingança.

"Devo separar esses dois o mais rápido possível!", pensou Rá. "Como pude ser imprudente a ponto de deixá-los assim tão próximos?"

Durante o dia inteiro o deus solar ardeu furiosamente, de tal sorte que o Egito inteiro esteve ameaçado de ser mergulhado em nova e terrível seca. Então, chegando a uma conclusão, decidiu pôr de uma vez o seu plano em ação.

– Farei isto pessoalmente! – disse Rá, subindo em sua barca.

No mesmo dia, chegou à presença do casal de amantes, que continuavam misturados num gigantesco abraço.

– Basta, lúbricos! – disse Rá, dando um grito que ecoou por todo o mundo.

Geb e Nut levaram um grande susto. A deusa ergueu-se, temerosa da ira de Rá.

– De hoje em diante, ficarão os dois inteiramente separados! – disse o deus, dando à voz o tom solene dos decretos irrecorríveis.

– Oh, não! – exclamou a deusa, levando as mãos à cabeça.

– Durante o ano todo Chu, seu pai, estará colocado entre você e seu descansado amante, para impedir que ambos voltem a ser um só!

Chu, o deus do ar, imediatamente foi postar-se entre Geb e Nut. Com seus braços suspendeu o corpo de Nut até deixá-lo inteiramente fora do alcance das sedentas mãos do infeliz amante.

– Oh, Nut, que tristeza não poder mais sentir seu corpo colado ao meu! – lamentou-se Geb, prostrado sob os pés do deus aéreo.

Rá ordenou aos remadores de sua luminosa barca que se mexessem, pois já se aproximava a hora dele mergulhar de novo no misterioso Amanti, o reino das trevas, no qual ingressava ao final de cada dia.

◆ ◆ ◆

Durante muito tempo a pobre Nut permaneceu suspensa sobre os braços do incansável Chu, a lamentar seu negro fado. Suas lágrimas desciam noite e dia até provocar uma verdadeira inundação sobre o corpo de Geb.

– Perdoe, meu amado – dizia ela, com a cabeça inclinada, a olhar tristemente para o deus –, mas não posso conter minha tristeza!

Chu, o deus do ar, permanecia impassível, a manter a deusa suspensa sob suas mãos.

– Melhor faria se pensasse em outra coisa – disse-lhe, enfim, o deus aéreo.

A BARCA DE RÁ

Quando as primeiras manchas do crepúsculo tingem o horizonte egípcio, Rá, suprema divindade solar, depois de haver atravessado o universo em sua faiscante barca, prepara-se para ingressar no Amanti, o noturno reino subterrâneo. Lentamente, a embarcação ruma para a boca de Nut, a deusa dos céus, sob o impulso que lhe imprimem os remadores de braços lustrosos de essências balsâmicas e revigorantes.

Postado na proa da barca está Seth, um dos filhos de Geb, o deus da terra, e da deusa Nut. Apesar de seu caráter duvidoso, Seth recebeu essa incumbência como prêmio de consolação de seu eterno rival. Enquanto isso, Rá, de pé e em meio aos remadores, dá as últimas recomendações a seus comandados.

– Que a ninguém falte o vigor nos braços, sob pena de minha sagrada ira! – exclama o deus solar, cujo grande olho místico a tudo acompanha atentamente. O coruscante disco vermelho que brilhou o dia todo acima de sua cabeça vai, aos poucos, perdendo o brilho, à medida que as Doze Portas da Noite se aproximam.

A cabeça de Rá abandona, aos poucos, sua antiga forma de falcão para ir adquirindo a de um carneiro de grandes chifres anelados, enquanto a barca ingressa nas águas escuras e revoltas do Amanti. Já se divisa, agora, o primeiro dos doze grandes portões que o deus deverá solenemente atravessar.

– Vamos, remem! – repete o sagrado Rá, com uma voz meio caprina.

Um a um vão sendo transpostos os portões que representam as doze horas noturnas. São regiões escuras e desoladas, que somente a perícia do divino barqueiro pode vencer. Pelas margens dos lagos que a barca cruza veem-se deuses, na maioria sem forma ou mumificados, que fazem as honras ao deus visitante. Há, também, além de réprobos que sofrem o castigo das ofensas perpetradas à divindade, muitas serpentes, ora erguidas e sibilantes, ora abatidas e agonizantes. Já quase no final da viagem, Rá volta-se para seus comandados e exclama:

– Estamos perto de ingressar no círculo onde governa Osíris, senhor dos mortos!

Seth, inimigo mortal do deus que ele próprio assassinara por meio de uma pérfida armadilha, rilha os dentes de raiva: "A pior parte da viagem!", pensa ele, encolerizado. "Por que não suprimem este trecho aborrecido do roteiro, afinal?"

Nas margens os mortos recebem a barca com alegria, pois Rá é o bisavô do deus subterrâneo.

– Seja bem-vindo, deus solar, aos domínios do Senhor Osíris! – exclamam as vozes em uníssono.

Sentado num trono elevado está Osíris, portando o "ankh" (o emblema da vida) e seu cetro recurvo. Diante dele, uma deusa mumificada segura uma balança, na qual devem ser pesados os corações de todos aqueles que ingressam definitivamente nos domínios de Osíris. Conforme o lado para o qual pendam os pratos, fica decretado o destino do morto: ou a felicidade suprema ou a aniquilação nos dentes afiados de "Babaí, a Grande Devoradora", uma besta que tem a cabeça de um crocodilo, o corpo de um leão e o traseiro de um hipopótamo. Do outro lado estão os 42 demônios dos infernos que a tudo observam, expectantes.

– Agora vamos penetrar nas cavernas do Ocidente, onde tudo é treva e desolação – anuncia Rá.

Ali pontifica Socáris, a divindade com a cabeça de falcão que alguns identificam como a encarnação noturna e subterrânea do próprio Rá – pois o deus solar tem várias representações (ou "sombras noturnas") a viverem na noite eterna. De fato, tudo ali vive na mais absoluta escuridão e nem mesmo Rá, com todo seu esplendor, pode enxergar coisa alguma. Um rio de águas turvas e encapeladas, tomadas por serpentes negras, torna a travessia extremamente perigosa.

Então, algo verdadeiramente extraordinário começa a acontecer com a barca. Lentamente, ela vai assumindo o formato de uma grande serpente – a sagrada serpente Mehen –, meio infalível que Rá engendra para poder transpor com segurança as terríveis águas. Aos poucos, Rá vai deixando a zona perigosa, levando adiante dois grandes peixes de nadadeiras coloridas, que, a exemplo de batedores marinhos, vão conduzindo a barca – outra vez em sua forma original – para o último e mais perigoso dos portais que Rá deve transpor para voltar novamente à superfície do dia.

Um silvo arrepiante faz-se ouvir no negror da noite. Embora já se possam distinguir, muito ao longe, alguns ligeiros tons esmaecidos, prenunciando o dia ao qual Rá pretende retornar, ainda estão o deus e os demais sob o império da noite mais profunda.

– Esteja alerta, Seth, para o terrível perigo que se aproxima! – brada Rá, empunhando sua comprida e afiada lança.

O deus vermelho, que está à frente da barca, tem um dos pés colocado na borda dianteira da nave, a fim de manter o equilíbrio. Suas feições severas não traem o menor sinal de receio quando a barca aproxima-se de um imenso pico rochoso.

– Apópis maldita! – brada Seth, com destemor. – É em vão que seu corpo se oculta no seio das águas, pois já conhecemos bem suas solertes artimanhas!

Nesse momento, a serpente medindo algo em torno de trezentos metros ergue-se do abismo infernal como uma prodigiosa coluna negra de escamas superpostas, a despedir reflexos de um jade espelhado e fosforescente.

– Você, novamente...! – brada Rá, frente a frente, outra vez, com sua mais terrível inimiga.

Enquanto isto, Seth, senhor dos ventos e das tempestades, faz desencadear uma tremenda tempestade, tão forte que mesmo a Rá parece demasiada. (Na verdade, ao deus solar desagradam tanto a noite tenebrosa, representada pela terrível serpente, quanto a tempestade furiosa, representada por Seth.)

– Para trás, maldita! – exclama Seth, fazendo rugir com maior violência ainda a tempestade.

A serpente gigantesca, ainda ereta, inclina agora a sua grande cabeça negra na direção dos ocupantes da barca. Seus dois olhos de pupilas verticais lançam um brilho escarlate ameaçador, enquanto uma língua fendida surge do interior de sua boca.

Seth, então, tomando de sua lança, arremessa-a certeiramente na fenda da boca da cobra, que lança um terrível grito de dor.

– É a sua morte, Apópis! – brada Rá, feliz com o triunfo sobre a arqui-inimiga.

O réptil gigantesco tomba com grande estrondo, mergulhando nas profundezas do lago negro.

– Agora basta, vilão! – diz o deus solar, nada satisfeito com a atitude de Seth, que continua a promover alegremente o seu temporal.

– Ora, sossegue e deixe que eu comande os elementos à minha vontade! – exclama o inconsiderado deus, sem dar atenção às palavras de Rá.

"Maldito atrevido!", pensa Rá, desgostoso. "Toda a noite é a mesma coisa!"

– Termine já com isso ou mandarei meus remadores expulsarem-no de minha barca! – diz o deus do sol, disparando chispas de ódio de seu grande olho solar, que, aos poucos, vai readquirindo outra vez o brilho intenso.

– Oh, tente só para ver se não lanço meus raios e ventos sobre sua barca! – diz Seth, agora em aberto desafio.

Este derradeiro ato de arrogância é o termo final para que Rá abandone seus últimos restos de paciência.

– Remadores, lancem para fora de minha barca esse insolente! – diz Rá, pondo toda a ira em sua voz.

E dessa maneira o pérfido Seth é lançado para fora da barca antes que Rá possa surgir outra vez no horizonte trazendo ao dia a luz de sua vivificante luminosidade.

O NOME SECRETO DE RÁ

Já iam longe os luminosos dias em que Rá, a primeira e mais poderosa de todas as divindades, reinara sozinho e de maneira inconteste no universo. Depois de ter desfrutado durante longo tempo da supremacia divina, o deus solar fizera a amarga descoberta de que aos deuses também pesava o fado negro de envelhecer. Sua barca, outrora ágil e brilhante, com a qual percorria os caminhos estrelados do céu, já não tinha mais o mesmo esplendor, e era a custo que o deus conseguia conduzi-la com retidão todos os dias. E não era só isso: suas caminhadas, às quais sempre se entregara com renovado gosto, agora também se tornavam a cada dia mais penosas, de tal sorte que eram observadas com terror crescente pelos demais deuses.

Como todo espírito forte, porém, Rá custava a admitir que já não era mais o mesmo, e as raras queixas que fazia jamais ultrapassavam a barreira dos seus dentes.

– Fora daqui! – xingava ele, todas as vezes que algum importuno vinha lhe lembrar da necessidade de fazer uso, ao menos, de uma bengala. Nesses momentos o disco solar esmaecido que trazia sobre a cabeça faiscava rubramente, como um tição quase apagado que um vento súbito inflama. Mas ao ver-se só outra vez, o disco tornava-se ainda mais pálido e toda a sua ira reduzia-se a um resmungo renitente, retrato perfeito daquela maravilhosa obstinação que só a senilidade produz:

– Deus até o fim...! Deus até o fim...!

Mas, afinal, a velhice de Rá tinha de ser diferente da dos homens, ao menos nos seus traços exteriores, já que ele era um deus poderosíssimo. Assim, enquanto os homens viam seus velhos ossos tornarem-se frágeis e quebradiços, Rá tinha os seus convertidos em duríssima prata. Mas, ai!, nem por isso o efeito deixava de ser o mesmo: se nos homens era a fragilidade dos ossos que os obrigava a curvarem-se pelos caminhos, no deus solar era o peso da prata que o sujeitava, da mesma forma, a varrer com os olhos a poeira do chão.

Outra diferença notável entre a decrepitude divina e a humana estava no fato de que enquanto a pele dos homens perdia de maneira lamentável a sua anterior elasticidade até atingir a textura seca e enrugada dos papiros, em Rá ela se convertia no mais puro e reluzente ouro. Seus cabelos, também, em vez de tomarem a tonalidade descorada dos mortais, adquiriam a cor vivamente azulada do lápis-lazúli.

Mas, ao cabo de tudo, a velhice de Rá não passava, afinal, de uma sublime decrepitude. Com o andar trôpego e as duas mãos espalmadas dos cegos, o velho deus cumpria seus últimos passeios antes de converter-se rapidamente naquilo a que, cedo ou tarde, estava destinado a ser: um enfeite sublime a luzir para sempre no firmamento.

– Deus até o fim...! – repetia o velho deus-sol, a tropeçar sozinho pela estrada.

◆ ◆ ◆

Enquanto Rá avançava, uma criatura esguia e misteriosamente discreta como as najas o acompanhava, um pouco mais atrás. Encantadoramente bela, ela era Ísis, bisneta do velho deus. Coberta dos pés à cintura por um vestido de delicado linho branco, ela mantinha-se nua da cintura para cima, conforme o antigo costume egípcio. Para que sua nudez, entretanto, não fosse total, ela trazia ao redor do pescoço um grande e espesso colar, cujas cores vivas acentuavam ainda mais o tom ocre dos seus seios. Seus cabelos longos e enrolados em finas e simétricas tranças tinham a cor do mais negro azeviche e desciam-lhe pelas costas como um grande manto trançado. Já na parte da frente, semelhavam a duas estolas negras e curtas, que terminavam antes mesmo de alcançar-lhe os seios, deixando-os completamente livres.

Fazendo deslizar por entre os dedos esguios uma das finas tranças, Ísis roçava-a em suas narinas de asas delicadamente dilatadas, absorvendo o penetrante perfume, enquanto os pés, protegidos por finas sandálias, moviam-se furtivamente no encalço do velho deus. Há algum tempo que Ísis tentava aproximar-se dele, na esperança de arrancar-lhe aquele que era seu maior segredo e fonte de todo o seu poder soberano: o seu nome secreto. Ciente de que a qualquer momento Rá poderia abandonar este mundo, ela desejava ardentemente apossar-se desse segredo e, com isto, tornar-se a deusa mais poderosa do universo.

"Como farei para me aproximar?", indagou-se ela a certa altura, temerosa de que o velho deus a expulsasse, como fazia com todos os que dele se acercavam. Então, como quem se dá conta, subitamente, de uma ridícula fraqueza pelo simples fato de havê-la exteriorizado, a deusa encheu-se de audaciosa determinação. Depois de passar a trança para trás da orelha ligeiramente felina, disse, acelerando o passo:

– Com medo de um velho caduco...? Ora, Ísis, avante!

Com algumas largas passadas ela logo alcançou o deus, que se arrastava penosamente.

– Lindo dia, não, poderoso Rá? – disse ela, com descontração.

– Humf...! – resmungou o velho, franzindo as sobrancelhas e fechando a mão direita com tanta força que as juntas douradas de seus dedos tornaram-se brancas.

Sem dar chance ao velho para que começasse com suas rabugices, Ísis acrescentou, pondo grande doçura na voz:

– Oh, certamente que meu bisavô querido não vai querer expulsar de sua augusta presença a sua bisnetinha predileta, não é?

– Humf...! – fez o velho, num tom levemente mais baixo, que para Ísis soou como a trombeta da vitória.

– Talvez devêssemos mesmo fazer uma ligeira parada... – acrescentou a jovem, com a inconsideração que dão os primeiros e minúsculos triunfos.

– E quem aqui reclamou de cansaço? – disse Rá, dando um novo tom rubro ao disco de sua cabeça.

– Oh, referia-me a mim, poderoso Deus! – atalhou ela, tentando pôr um remendo na asneira. – Acho que torci ligeiramente o tornozelo...

– HUMF...! – fez o deus, ignorando solenemente o apelo e deixando a jovem deusa para trás.

"Velho desgraçado!", pensou a bisnetinha predileta, comendo a poeira do velho.

Mas Ísis imediatamente se recompôs e, após lançar para os céus um grande e mudo suspiro de enfado, correu outra vez no encalço de Rá. Obrigada agora a fingir que mancava, Ísis acompanhou-o assim durante um bom pedaço, escutando somente a respiração ofegante do velho e o patear claudicante de suas sandálias.

– Arranje um bastão para você – disse ele, a certa altura.

Ísis preferiu imaginar que o velho decrépito não tivera a audácia de tripudiar sobre ela.

◆ ◆ ◆

Os divinos, bisavô e bisneta, continuaram a caminhar ainda por muito tempo, sob o calor escaldante. Empenhados numa espécie de maratona da teimosia, o velho Rá se arrastava do jeito que podia, enquanto Ísis o seguia, quase tão exausta quanto ele.

"É uma maldita queda de braço!", pensou ela, pondo os bofes pela boca.

Então chegou o instante abençoado em que o velho deus ordenou, com a voz sibilante e entrecortada dos asmáticos:

– Vamos parar... pois vejo que você... não aguenta mais... dar um só passo!

"Ufa!", pensou a deusa, arriando ao solo.

– Puxa, o senhor não é mole, hein? – disse Ísis, tentando lisonjear a resistência do tremendo rival. – Também, quem mandou querer competir com o próprio sol, não é?

Amaciado por esse elogio, o velho deus decidiu também condescender um pouco.

– Vamos... bela Ísis... faça uma massagem... em meus doloridos pés.

– Claro, poderoso Rá. Logo estarão novinhos em folha! – disse a deusa, feliz por poder retardar o reinício da maratona infernal.

Acomodado sobre uma pequena depressão rochosa, semelhante a uma cadeira toscamente talhada, o exausto Rá recebeu a massagem das mãos macias de Ísis com a clássica careta dos massageados, na qual errava um misto de prazer e de dor. Sua respiração, ainda ofegante, obrigava-o a manter a boca aberta e a respirar em curtos haustos, enquanto a deusa ajoelhada espichava delicadamente os músculos dos seus pés dourados e recobertos de pó.

De repente, porém, Ísis percebeu que algo caíra do alto, passando num raspão por seus cabelos. Sem abandonar a massagem, viu com o rabo do olho que havia no chão uma pequena porção de saliva que escapara da boca do velho.

"Irk!", pensou ela, temerosa de que outro respingo divino lhe atingisse a perfumada cabeleira.

– Vamos ver agora a plantinha do pé – disse ela, inclinando sua cabeça até quase encostá-la ao ombro.

Já naquele tempo sabiam os espíritos criativos que, mudando o jeito de se fazer algo, agradáveis descobertas surgem. Ísis, depois de estar algum tempo com a cabeça inclinada nesta original posição, foi também alvo, embora de maneira involuntária, de uma súbita iluminação.

Lançando os olhos outra vez para a pequena poça de saliva, lembrou-se de que ali estava tudo de que precisava. Imprimindo, então, uma pressão relaxante a seus dedos aquilinos, ativou um músculo do pé do deus, dando-lhe imediata sensação de alívio.

– Ahhhh...! – fez o deus, deliciado, deixando cair nova e abundante remessa de saliva, ao mesmo tempo em que mergulhava num sono divinamente relaxante.

Ísis, abandonando imediatamente o pé do deus, tomou nas mãos, apesar de ainda meio enojada, a pequena porção de saliva. Depois começou a misturá-la em suas mãos com um pouco de terra, ao mesmo tempo em que cantarolava algumas palavras mágicas, como numa mística canção de ninar. Aos poucos, foi surgindo da lama amassada uma pequena serpente, elegante e sutil como ela.

– Perfeita! – disse ela, baixinho, observando o pequeno ser de escamas reluzentemente douradas a deslizar como uma tirinha de sol por entre seus dedos bronzeados e esguios.

Logo em seguida, Ísis ergueu-se – não sem antes observar as feições adormecidas de Rá – e levou a cobra até um pequeno arbusto, um pouco mais adiante.

– Fique aí até chegar a sua hora, ouviu bem? – disse ela, balançando seu dedo de unha escarlate, numa fingida admoestação.

Uma tosse seca, seguida de um ruído repulsivo, alertou Ísis para que retornasse logo à presença de Rá.

– Vamos embora, vamos embora! – disse o deus, esforçando-se para desprender o corpo da cadeira de pedra, ao mesmo tempo em que tateava o ar como um bebê, em busca de um apoio qualquer.

– Oh, mas já, meu bisavô? – disse Ísis, fingindo-se ainda exausta.

– Quer ficar, fique! – disse o velho deus que, inexplicavelmente, acordara ainda mais rezinguento após o descanso.

– É que o meu tornozelo, querido bisavô, ainda está meio inchado... – disse Ísis, alisando o pé.

– Quer ficar, fique! – repetiu o velho miserável, insensível a tudo o mais que não à sua saúde outra vez restaurada.

Agarrando-se a uma saliência da rocha, Rá pôs-se vigorosamente em pé outra vez, com a solidez invejável dos organismos egoisticamente constituídos.

Sem nem dizer adeus, a velha divindade se foi, a resmungar.

"Ruim até o fim!", pensou a deusa, sentada no pó, certa de que, em breve, teria muito bem paga aquela maldita sessão de massagem.

◆ ◆ ◆

Ísis, em tremenda expectativa, sentou-se no trono de pedra onde, havia poucos instantes, seu bisavô truculento ressonara livremente. Dali passou a observar a caminhada do velho, que ia quase desaparecendo na distância, aproximando-se cada vez mais do arbusto fatal onde ela ocultara a serpente.

– Mais devagar, desgraçado! – disse ela, quase gritando, ao perceber que o velho, restabelecidas as forças, avançava com rapidez incomum.

"Será que ele desconfiou de alguma coisa?", pensou, encolhendo-se instintivamente na rocha, enquanto um suor nervoso acumulava-se debaixo dos seus seios. Ela sabia que a ira de um deus – quanto mais a do mais poderoso de todos – era a última coisa com a qual alguém deveria brincar.

Então Rá aproximou-se da moita, cruzou-a placidamente, e seguiu adiante.

– Serpente maldita, vou dar um nó bem no meio do seu corpo e então você vai ver o que é rastejar! – disse a deusa, enterrando as unhas nas palmas das mãos.

Mas, nesse instante, seus olhos viram um pequeno brilho faiscar na distância, logo atrás do velho deus. Imaginando tratar-se de alguma refração solar, Ísis colocou as duas mãos em pala sobre as vistas, arregalando os olhos a ponto de suas duas pupilas negras e redondas parecerem duas pequeninas uvas.

Sim, havia como que um faiscar ziguezagueante a seguir os passos da velha divindade. Nas pontas dos pés, Ísis acompanhou com a respiração presa aquela pequena fagulha aproximar-se cada vez mais da retaguarda de Rá, até que, subitamente, viu um brilho mais forte, como que de um isqueiro aceso, brilhar no calcanhar do deus.

– Pronto, está feito! – disse ela, começando a pular de alegria.

Como que em resposta, o velho deus também começou a saltitar num só pé, a um passo de ir com tudo para o chão. E só então o grito de dor de Rá chegou aos ouvidos de Ísis.

– Aaaaaiiii!

Imediatamente, como uma Atalanta de bronze, ela lançou-se numa desabalada corrida na direção do pobre velho.

– O que foi, meu bisavô? – gritava ela, fingindo intenso desespero.

Tão logo alcançou o velho deus, encontrou-o com as feições transtornadas.

– Fui picado por uma serpente! – gritava ele, feito um menino.

– Calma, meu bisavô, vou já resolver o problema! – disse Ísis, aproximando o olhar da ferida.

"Bem no alvo!", disse ela ao avistar o buraquinho da picada, sinceramente grata à perfídia da brilhosa serpente.

Dando apoio a um dos braços do velho, Ísis fez com que ele se deitasse no chão.

– Não se mexa, deus adorado! – disse ela, afetando grave preocupação.

A essa altura, o grito tremendo de Rá já havia atraído a atenção de todas as demais divindades, que acorreram pressurosas para ver o que acontecera.

– Em nome de Rá, o que houve? – disse Néftis, irmã de Ísis, em grande aflição.

– Por que a venerável divindade se revolve no solo em horríveis espasmos? – perguntou Thot, o mais sábio dos deuses, fazendo questão, como sempre, de verbalizar a sua incontestada superioridade intelectual.

– Silêncio, todos vocês! – exclamou Ísis, afastando todos os demais com um gesto de braço (menos a Seth, o mais vil e pusilânime dos deuses, que preferira observar a cena de uma distância prudente).

Mergulhado num estado de semidelírio, Rá abriu os olhos e a primeira coisa que viu foi o sinistro rosto de cão de Anúbis, o deus embalsamador, quase em cima de si.

– Fora daqui, vira-lata infernal! – esbravejou o velho, tomando uma pedra e arremessando-a na cabeça do pobre Anúbis, que se afastou, meio que ganindo de dor.

Depois, voltando-se para Thot, apontou-lhe o dedo torcido como um anzol.

– Venha cá, sabichão! – disse, ordenando-lhe imperiosamente.

Thot aproximou-se com o terror instalado na alma. Seu longo bico de íbis tremia mais que os membros envenenados de Rá.

– O que hei de obrar por vós, honorável deus? – disse ele, com o bico seco.

– Cale a boca e cure-me logo! – gritou Rá. – Não vê que estou morrendo de dor?

Profundo conhecedor das artes mágicas e médicas, Thot recorreu aos seus vastos conhecimentos, porém todos eles fracassaram miseravelmente.

– Não entendo! Meus saberes mostram-se perfeitamente inócuos! – balbuciava ele, com seus olhinhos pequenos como bolinhas de sagu negramente arregalados.

– Maldito imbecil! – resmungou Rá, rilhando os dentes de dor.

Lentamente, a pele do deus ia abandonando sua coloração dourada para assumir uma tonalidade marrom, ao mesmo tempo em que o disco solar acima de sua cabeça apagava-se como uma lâmpada.

– Saiam todos! – esbravejou Ísis. – Somente eu sei como salvar a vida de Rá!

Abaixando-se, então, até a orelha do deus moribundo, ela cochichou-lhe estas suavizantes palavras:

– Diga-me, bisavô querido, o seu nome secreto, e o libertarei imediatamente de seu cruel padecimento.

– Meu nome secreto? – disse Rá, arregalando os olhos.

– Sim, não há outro meio – argumentou Ísis, persuasiva.

– Nunca! – exclamou o deus, irado.

Mas, no mesmo instante, seu corpo foi agitado por um horrível espasmo.

– Veja, meu bisavô, não há tempo a perder – disse Ísis. – Diga-me logo o seu nome secreto e pronunciarei as palavras mágicas que lhe devolverão a vida e a saúde.

Rá, atormentado pela dor, inclinou então sua cabeça na direção da bisneta.

– Está bem, sua tratante! – disse ele, enquanto uma baba esverdeada lhe escorria pelo canto dos lábios.

Com a maior boa vontade, Ísis colou sua orelha macia aos lábios do velho. Durante alguns segundos, escutou apenas, como o silvo de um fole, a respiração entrecortada da divindade semimorta.

– E então? – disse ela, agoniada pela expectativa.

– Meu... nome... secreto... é Áton! – disse o deus balbuciante.

– Oh, não – disse Ísis, impaciente. – Sei que também tem este nome, mas ele já é sabido de todos!

– Áton, Áton... – repetia o velho deus, num aparente delírio.

– Não, não é Áton!

– Amon... Amon... – disse, então, o velho deus.

– Não, grande Rá, também não é este!

– Amon-Rá... Amon-Rá...

"Outra maldita queda de braço!", pensou a deusa, rubra de cólera.

– Amon-Rá-Áton...! Rá-Amon-Áton...! Amonratón...!

Então Ísis, perdendo de vez a paciência, colou a boca à orelha do velho e fez uso de toda a sua sinceridade:

– Bisavô querido, ou me diz logo o seu nome ou terei de deixá-lo morrer no pó, como o pior dos mendigos. Fui clara?

Ísis ergueu-se, decidida a ir embora, quando sentiu sua canela ser agarrada por uma mão cujos dedos tinham a mesma firmeza de uma tenaz.

– Volte aqui – disse o deus.

Ísis colou outra vez seu ouvido à boca do velho e finalmente escutou o nome secreto de Rá. Um brilho extraordinário iluminou os seus olhos quando o nome começou a operar magicamente dentro de si. No mesmo instante a deusa pronunciou as palavras mágicas que libertaram o pobre deus dos seus padecimentos.

Ísis sabia que agora era mais poderosa do que o próprio Rá, pois além de possuir o mesmo poder que ele, possuía ainda o dom inefável e soberano da juventude.

Conhecendo perfeitamente que sua derrota era irrevogável, Rá ergueu-se e foi cumprimentar a bisneta, com o ar superior de quem lhe houvesse feito um magnífico favor – afinal de contas, o mais poderoso dos deuses tinha de sair sempre por cima.

– Adeus, minha bisneta – disse ele, com estudada altivez, escondendo mesmo uma pontinha secreta de admiração. – E não esqueça nunca, menina: deusa até o fim!

Depois, sem voltar-se uma única vez, limpou o pó das vestes, tomou sua velha barca e saiu mesmo por cima, partindo no rumo do céu, único lugar onde doravante poderia governar como soberano absoluto.

DE COMO THOT INVENTOU A ESCRITA

Thot, o íbis sagrado, era tido e havido como o mais sábio dos deuses egípcios. Versado em todas as artes, em especial as da magia e da medicina, o deus vivia a maior parte do seu tempo retirado, entregue a seus deliciosos estudos.

– Graças a Rá, de volta ao meu esconderijo! – dizia ele, todas as vezes que retornava à sua casa, depois de cumprir alguma obrigação aborrecidamente terrena como, por exemplo, ir escutar os pedidos dos seus devotos no seu majestoso templo de Hermópolis.

"Beatos!", pensava ele, enquanto preparava-se para recomeçar seus estudos. "O dia inteiro, Thot sagrado, dê-me isto; Thot sagrado, dê-me aquilo. Entretanto, nunca em todos estes anos ouvi qualquer desses asnos me pedir um pingo de sensatez ou de inteligência!"

Sentando-se, então, na sua posição preferida, com as pernas cruzadas sobre sua esteira trançada com fios de ouro, Thot voltava a ativar outra vez as células do seu cérebro privilegiado.

– Muito bem, onde paramos? – dizia ele, esfregando as mãos de alegria, já completamente esquecido da malta desprezível do templo.

Trazendo o ar de uma ave curiosa – pois no lugar das feições humanas tinha a máscara de um íbis, com seu longo bico levemente recurvo e extremamente fino –, seus olhos negros arregalavam-se de prazer ao entregar-se novamente às suas profundas elucubrações.

Depois de ter inventado a geometria, o calendário e o jogo de dados, Thot agora dava os últimos retoques no inédito jogo de xadrez – pois o deus, afinal de contas, também tinha lá suas vaidades.

– Divino! – disse ele, sacudindo o bico adunco, ao elaborar uma nova regra.

Entretanto, apesar de sua mente prodigiosa, desta vez Thot atrapalhou-se.

– Será que esta nova regra não vai conflitar com alguma outra...? – perguntou-se o deus, alisando o bico da base até a ponta, enquanto repassava mentalmente, uma por uma, as 734 regras que já havia inventado para o jogo.

Aos poucos, Thot começava a dar-se conta de que a idade, infelizmente, já começava a pesar também sobre a sua prodigiosa memória.

– Pela asa negra do íbis! – exclamou ele, ao dar-se conta de que ocorria uma misturada em sua cabeça. – Como é que vou fazer depois para que estes energúmenos decorem todas as mil regras do jogo?

Sem se dar conta, lentamente, o espírito de Thot ia abandonando o seu amado jogo para entregar-se a uma reflexão muito mais importante.

– Espere aí – disse ele, arregalando subitamente os olhos negros. – E se eu inventasse um modo de registrar, de alguma maneira, não só as ideias e regras que forem me ocorrendo, mas toda e qualquer ideia?

– Sim, eu poderia registrar num papiro, sob a forma de alguns signos, todas as palavras que escuto – disse Thot, cada vez mais entusiasmado. – Seria a vitória final da lembrança contra o esquecimento!

Tomando então de um enorme rolo de papiro, o deus esteve um bom tempo com um finíssimo caniço suspenso na mão, sem chegar, contudo, a qualquer resultado.

– Mas que espécie de signos usarei, afinal – disse ele, mordiscando a ponta do caniço –, para representar coisas abstratas e incorpóreas como o amor e o ódio?

Tomado ao mesmo tempo pela aflição e pelo entusiasmo do desafio, encerrou-se como nunca dentro de seu cérebro para encontrar uma solução.

Thot, inteiramente empolgado, a procurar uma solução! Quem não viu isso, não viu uma das coisas mais admiráveis deste mundo. Durante dias e dias ele esteve sentado na sua esteira, interrompendo apenas ligeiramente suas poderosas reflexões para trocar de posição as pernas doloridas.

E então, de tanto estar sentado, seu corpo foi assumindo aos poucos a forma de um grande babuíno branco, cujas únicas partes escuras eram a face, o grande traseiro pontudo e a extremidade dos membros. Seus olhos, no entanto, traziam ainda o mesmo brilho da inteligência que animava seu cérebro insaciável de conhecimento.

Redigindo da direita para a esquerda, Thot ia montando aos poucos um jogo infinitamente mais sedutor e sofisticado do que o do xadrez.

Através da união de diversas figuras, o deus ia representando ideogramas, sob o papiro amarelecido, que deixavam perfeitamente representadas as ideias que passavam por sua mente. E o melhor de tudo era que essas ideias agora deixavam de ser reféns exclusivas da memória humana, tão incerta e falível, para tornarem-se registros exatos e perfeitamente reproduzíveis em qualquer lugar. De fato, bastava agora a simples leitura daqueles sinais para que a mente humana pudesse "escutar com os olhos" palavras ditas há cinco segundos ou há milhares de anos!

Ao completar seu primeiro rolo de papiro escrito, Thot-babuíno desenrolou-o inteiro diante de seus olhos amendoados com um misto de alegria e apreensão.

– Será que serei capaz de entender tudo quanto escrevi? – disse ele, temeroso de que sua memória fosse lhe pregar uma peça justamente agora.

Desdobrou então o grande rolo sob os seus joelhos peludos e começou a lê-lo desde o princípio, com a voz embargada pela emoção:

– "E então, das águas escuras e imóveis do sagrado Nun, foi surgindo a pequena flor de lótus que trazia em seu seio o maior dos deuses..."

Thot leu palavra por palavra tudo quanto havia escrito cuidadosamente com a ponta afiada do seu caniço. Estava tudo, de fato, maravilhosamente compreensível!

– Só falta batizar agora estes signos que inventei – disse ele, deliciado em poder gastar o restante do tempo numa tarefa tão agradável.

O deus, na verdade, gastou quase o mesmo tempo de que se utilizara para inventar a escrita para dar-lhe um nome – mas, enfim, o fez, chegando a uma conclusão.

– Hieróglifo... Sim é isto! – disse ele.

Mas tão logo pronunciou o nome, este não lhe pareceu de todo perfeito.

– Ou, quem sabe, hieroglifo...

O resto do dia Thot passou nessa dúvida torturante, sem conseguir decidir-se, até que resolveu levar sua invenção para Rá, de forma que o maior dos deuses a aprovasse e decidisse também qual o melhor nome para ela.

◆ ◆ ◆

No dia seguinte, Thot rumou, com efeito, para Tebas, a sagrada morada de Rá.

Tendo retomado outra vez a sua forma de íbis, o deus inventor levava amorosamente debaixo do braço os seus projetos, quando, enfim, chegou à cidade das cem portas. Thot estava profundamente nervoso. Dirigindo-se rapidamente ao templo de Rá, adentrou-o num misto de euforia e receio.

– Thot, você por aqui? – disse o deus solar, erguendo-se de seu resplandecente trono para recebê-lo.

– Sim, poderoso Rá – disse Thot, prosternando-se diante do deus soberano. – Trago-lhe minhas novas invenções para que dê sua aprovação, tornando-as, assim, aptas a serem utilizadas pelos deuses e pelos homens.

O disco solar que encimava a cabeça de Rá acendeu-se um pouco, o que podia significar muitas coisas. Como um verdadeiro alfabeto luminoso, as gradações da luz sobre sua cabeça eram sinais perfeitamente identificáveis – embora somente aos iniciados nos mistérios de Rá – dos sentimentos que iam em sua alma.

Thot, naturalmente capaz de perceber tais sutilezas, descobriu que aquela luz amarela levemente tingida por um tom alaranjado significava que Rá estava num estado de expectativa muito parecido com o seu, com a diferença de que isto também lhe causava um ligeiro aborrecimento. Em palavras humanas, poderia ser traduzido mais ou menos como "Ih, lá vem de novo o chato do Thot com seus inventos!".

Sem deixar-se intimidar por esse funesto presságio, Thot foi adiante.

– Trago-lhe, primeiramente, um novo e maravilhoso jogo que acabei de inventar – disse ele, mostrando a Rá o grande tabuleiro.

O deus soberano recuou, instintivamente, até o trono, onde foi sentar-se para escutar as primeiras explicações do deus inventor. Com a cabeça apoiada providencialmente no punho direito e a outra mão agarrada firmemente ao assento, Rá preparou-se para a torrente inevitável de palavras que se anunciava.

"Como gosta de complicar!", pensou o deus solar, logo de saída, ao escutar o nome extenso que Thot dera ao jogo.

Tendo tirado a primeira prova, Rá acomodou-se melhor no assento, preparado já para o pior. Uma ligeira sensação de angústia, que ameaçava derivar em breve para a fobia, foi apoderando-se aos poucos da alma do maior dos deuses à medida que escutava todos os passos da explicação para os complicados movimentos das peças sobre o tabuleiro.

"Que fedor de babuíno branco é este...?", pensou Rá, ao mesmo tempo em que prosseguia escutando a lenga-lenga do inventor.

– Então, poderosa divindade, quando a torre alcançar a sexta casa...

Remetido de novo às sensações primevas que antecederam ao seu nascimento, Rá começou a sentir-se imerso outra vez nas sufocantes águas do Nun – o velho Nilo primordial –, única coisa a existir quando o universo ainda não passava de um grande oceano de águas mortas e paradas. Seus olhos lentamente começaram a fechar-se.

Decidido, porém, a não permitir que Thot o pegasse num súbito cochilo, Rá aumentou poderosamente a luz de seu disco solar, a fim de ofuscar ao visitante qualquer visão inconveniente para si.

– ...e finalmente aqui temos, alteza solar, o lance principal do jogo, conforme a milésima e última regra do manual, que denominei provisoriamente de "Faraó miseravelmente encurralado".

A expressão "miseravelmente encurralado" ecoou durante um bom tempo na mente de Rá, até que ele foi despertado por um inusual e súbito silêncio.

Ao abrir os olhos, o deus solar deparou-se com a figura de Thot parada em frente a si, com o longo e negro bico pendente e levemente entreaberto.

– E então, alteza solar...? – disse Thot, com o ar angustiado de quem repetia aquilo pela décima vez.

Rá aprumou-se em seu trono, enxugando discretamente um fio de saliva do canto da boca.

– Está perfeito – disse ele, sem piscar.

Um ligeiro brilho de satisfação iluminou os olhos de íbis de Thot.

– É mesmo, alteza? – disse o inventor, animando-se. – Mas sabe, como a coisa ainda está numa fase de ajustes, talvez pudéssemos refazer juntos algumas partes...

– Ninguém vai refazer nada – acrescentou imediatamente Rá, pondo um fim à exposição.

Em seguida, cruzou as pernas sob o trono, gesto demasiado informal que só a extrema impaciência poderia ditar às suas maneiras normalmente comedidas.

– Vamos lá, mostre o resto de suas invenções, que já se faz tarde.

De fato, o dia já descambava e Rá sentia que se aproximava a hora maldita de mergulhar outra vez na noite trevosa do Amanti. Ali, teria de enfrentar pela bilionésima vez a gigantesca serpente Apópis, a qual, como num pesadelo recorrente, tentava impedi-lo todas as noites de regressar com sua barca luminosa para mais um novo dia igual a todos os outros.

– Tenho aqui também um outro projeto, na verdade ainda em estado de gestação – continuou a tagarelar Thot, puxando da pasta um outro papiro. – Veja, é um jogo muito fácil...

– Basta de jogos – disse Rá, categoricamente.

Sentindo que o fio da paciência de Rá esgarçava-se, o deus inventor decidiu mostrar de uma vez a sua maior invenção: o "Revolucionário e absolutamente maravilhoso alfabeto de Thot".

"O que mais, agora, meu Pai?", pensou Rá, agoniado.

Thot desenrolou em triunfo, diante dos olhos de Rá, o seu imenso papiro.

– O que é isto? – disse ele, mirando aborrecidamente a misturada de sinais.

– Oh, são signos...!

– Oh, e poderia me dizer o que são signos?

– São sinais gráficos significantes, grande Rá, que, reunidos, dão forma a um discurso gráfico significativo. Na verdade, ainda estou em dúvida se os chamarei de "hieroglifos" ou "hieróglifos", mas com o auxílio de uma ciência mágica que pretendo fundar, chamada "semiótica", porei um fim a esta dúvida atroz, ao mesmo tempo em que esclarecerei detidamente todas as coisas atinentes ao meu alfabeto...

Então, o fio rompeu-se de vez.

– Na verdade, tagarela maldito, você vai parar de enrolar e me dizer de uma vez por todas para que serve toda essa rabiscada...!

Com o bico negro completamente pálido, Thot começou a explicar, o mais rápido que pôde, o significado de tudo aquilo.

– E deste modo, Rá poderoso, doravante não precisaremos mais decorar coisa alguma, porque nossos conhecimentos jamais se perderão – disse Thot, subindo lentamente outra vez nas tamancas da vaidade.

– Muito bom – disse Rá, enigmaticamente. – Destarte não precisaremos mais usar nossa memória e, assim, progressivamente, iremos perdendo o traquejo dela até o dia em que não lembraremos mais o nome de nossas próprias mães.

– Bem, meu invento, alteza solar, destina-se apenas a armazenar uma gama muito extensa de conhecimentos como, por exemplo, as mil regras do meu jogo...

– De novo o maldito jogo?

– ... e qualquer outro conhecimento mais extenso, naturalmente...

Thot sentiu que a coisa periclitava. Percebendo que o mau humor de Rá poderia botar a perder um avanço magnífico para a humanidade e para os próprios deuses, resolveu recorrer ao recurso, sempre eficiente, de todo bom cortesão: a lisonja.

– Imagine, soberano Rá, que doravante todos os seus feitos magnânimos poderão estar perfeitamente armazenados em dourados papiros – disse Thot, melifluamente. – Poderemos mesmo montar uma biblioteca gigantesca com todos os poemas e discursos que se farão em seu louvor e de toda a sua dinastia, e que as futuras gerações lerão com infinito gosto e proveito. Poderoso Rá, pense só nisto: suas palavras para sempre registradas num livro sagrado, que todos lerão e entenderão! – acrescentou finalmente Thot, certo de que cravara com sucesso a última estaca do convencimento.

"Minhas divinas palavras para sempre registradas em um livro sagrado e imutável!", pensou o deus, começando a simpatizar aos poucos com aquele negócio de sinais e rabiscos.

Ao cabo, a ideia revelou-se tão boa que Rá aprovou-a integralmente, chegando mesmo a elogiar mentalmente o inventor depois que este se retirou, todo eufórico: "Esse tal de Thot é bárbaro, mesmo!".

Depois voltou docemente a divagar, com um sorriso divino no rosto e um brilho extraordinário no disco solar, que ofuscou todo o templo: "Finalmente terão um fim, na corte, as dissensões entre os teólogos rivais!", pensou ele, encantado. "Adeus disputas insensatas acerca do que eu tenha ou não dito algum dia! Nunca mais querelas sanguinárias por causa de versões conflitantes! Meu culto, doravante uno e igual, abarcará todas as seitas, unidas apenas pela Verdade, expressa para sempre de uma única forma no Sagrado e Imutável Evangelho de Rá...!"

Como todo bom deus, Rá não conhecia nada sobre teólogos.

O ROMANCE DE ÍSIS

I – O ASSASSINATO DE OSÍRIS

Osíris, junto com seus irmãos Ísis, Seth e Néftis, nasceu de Geb, o deus da terra, e de Nut, a deusa da noite. Sendo o mais importante deles, foi, por isso mesmo, o primeiro a ver a luz do dia. Alto e imponente, tinha, como um bom deus nascido numa terra abrasada pelo sol, a pele da cor do cobre.

Logo em seguida ao seu nascimento, surgiu sua irmã e futura esposa Ísis, a bela deusa que viria a ser cultuada com fervor em todo o Oriente. Seth, o deus ruivo que tão funesto se tornaria a Osíris, também nasceu quase ao mesmo tempo, junto com Néftis, que se tornaria esposa deste último, e também a menos expressiva do quarteto.

Desde o começo, ficou decidido que o governo do Egito caberia a Osíris, já que era o primogênito na linhagem dos deuses recém-nascidos. A escolha não poderia ter sido melhor, pois, desde o começo de seu profícuo reinado, Osíris mostrou-se um rei generoso e inteligente, governando todo o Egito numa época que ficou conhecida como "o período de ouro". Para um povo que até então estava inteiramente entregue à barbárie, foi como se uma bênção divina houvesse descido sobre si.

Osíris, governante justo e progressista, ensinou o povo a cultivar alimentos para a sua subsistência, tais como o trigo, a vinha e a cevada, fazendo com que os habitantes primitivos do Egito abandonassem costumes repulsivos, até então largamente difundidos, como a pilhagem e a antropofagia.

Hábil artesão, Osíris também ensinou seus rudes súditos a manejarem instrumentos de trabalho, entre eles o arado e a enxada. Graças a isso, o Egito tornou-se logo uma nação próspera, e a fome viu-se exilada de suas fronteiras.

Ainda não satisfeito, Osíris também ensinou os egípcios a extraírem, e posteriormente fundirem, metais, tais como o ferro, o ouro e o cobre, de tal sorte que dotou largamente seu país de armas e de ferramentas, duas coisas indispensáveis à subsistência e defesa de qualquer nação daqueles dias.

As coisas estavam nesse estado quando Osíris, feliz com sua obra, decidiu que era hora de levar o progresso também para fora das fronteiras de sua pátria.

– Não é justo – disse ele, um dia, à sua amada esposa Ísis – que somente nossos súditos continuem a desfrutar das benesses de um governo civilizatório.

E assim se fez. Osíris, unindo-se a Anúbis e Thot, dois outros deuses surgidos posteriormente a ele, partiu numa expedição de conquista pacífica, a fim de difundir por todo o mundo as práticas e os conhecimentos que tanta fartura e progresso haviam trazido aos egípcios.

◆ ◆ ◆

Osíris, a despeito de todas as suas virtudes, não conseguira tornar-se uma unanimidade entre os homens – e mesmo entre os deuses, pois, embora adorado por sua esposa e por todo o povo, quis o destino funesto que acabasse odiado justamente por Seth, seu próprio irmão.

Seth, de fato, à margem dos triunfos de Osíris, consumia-se de despeito e ódio a cada nova conquista do irmão. Relegado que fora ao governo menor do oásis do grande e árido deserto que cerca o Egito como um grande oceano de areia, o deus rubro nunca se conformara com sua humilhante situação.

Humilhado e ofendido: era exatamente assim que Seth se sentia quando a notícia da partida da expedição civilizatória de Osíris chegou aos seus ouvidos despeitados. Nesse dia, os seus súditos provaram dum amargor duplicado, pois Seth queria deixar bem claro que em seus domínios as coisas eram muito diferentes. Sim, por melhor que fossem as coisas lá no Egito, ali seriam sempre diferentes – ou seja, bem piores.

– Jamais acompanharei esse maldito! – esbravejou Seth, ordenando a seus ministros que inventassem uma desculpa qualquer para o fato dele não poder tomar parte na expedição.

Durante todo o longo período em que Osíris esteve afastado, Seth tratou de estender as malhas da perfídia sobre o reino do Egito. Através do suborno e da mais baixa intriga, conseguiu cooptar 72 conspiradores dentro da própria corte do irmão para levar a cabo um plano terrível de destruição.

– Sejam bem-vindos a esta assembleia – disse ele aos conspiradores, recebidos pessoalmente em seu palácio alguns dias antes do retorno de Osíris de sua vitoriosa expedição. – Estou certo de que todos vocês comungam comigo de um mesmo e sagrado objetivo: o de pôr um fim ao triunfo desmedido do Grande Presunçoso!

Um murmúrio de assentimento fez balançarem unissonamente as cabeças dos 72 traidores perfilados ao redor de uma grande mesa.

– Não foi à toa que os escolhi a dedo para estarem a meu lado neste momento glorioso – prosseguiu a dizer Seth, elevando a voz e dotando-a de um profundo rancor. – Posso ver desenhadas, em cada um de seus rostos, as marcas indeléveis da mais sórdida e degradante humilhação! Elas são consequência da vaidade desse soberano, o qual não tem feito outra coisa desde que assumiu o cetro do Grande Egito senão exaltar a si mesmo e à sua desmedida cobiça, em detrimento da dignidade de vocês, os verdadeiros artífices do seu triunfo!

Enquanto dizia isto, seus olhos faiscantes miravam o rosto de cada um dos conjurados, como a particularizar a sua solidariedade. Um ruído semelhante ao rosnado conjunto de cães do deserto sedentos de sangue crescia à medida que cada um dos traidores lembrava amargamente as suas mais secretas frustrações.

– Cabe a vocês, agora, o dever de expulsar do poder um deus frouxo e sentimental que desfibrou os nervos dos filhos de uma velha estirpe rude e guerreira, reduzindo-os à condição de encurvados condutores de arados! Mas quem sempre esteve acostumado virilmente a tomar poderá conformar-se, doravante, à aviltante sujeição de trabalhar?

Diante desta negra palavra todos os rostos contraíram-se num amargo espasmo.

– Sejam vocês, pois, a fazerem com que a espada rubra de sangue dos egípcios volte a ceifar gloriosamente como antes!

A oratória sedutora de Seth foi, aos poucos, levando a convicção aos corações dos conspiradores – à exceção de um, radicalmente cético, que há muito já estava convicto de tudo aquilo e que, a certa altura da arenga, chegou mesmo a cochichar discretamente para um comparsa ao lado:

– Para que toda esta ladainha? Já não estamos, afinal, suficientemente conscientes de nosso honroso dever?

Sua mão apalpou, mostrando ao outro por debaixo da mesa, a bolsa bojuda de ouro que todos haviam encontrado sobre seus assentos ao adentrarem o majestoso salão.

O sorriso deliciado do vizinho foi a melhor resposta às suas ponderadas palavras.

◆ ◆ ◆

Finalmente, chegou o dia em que Osíris retornaria de sua vitoriosa expedição. Cercado por Thot, Anúbis e milhares de combatentes, o deus foi recebido, ainda no deserto, por um ordenança de seu irmão Seth.

– Saúde a você, que vem em nome de meu benquisto irmão! – disse Osíris ao escravo ofegante que lhe entregou uma mensagem num papiro lacrado.

Depois de quebrar o selo escarlate, Osíris leu o seu conteúdo, com evidente ansiedade na alma.

– Thot...! Anúbis...! – disse Osíris, ao fim de um certo tempo. – Teremos de esperar mais um pouco para revermos nossos familiares e amigos, eis que Seth pede encarecidamente que, antes de regressar à capital do Egito, eu lhe faça uma visita de cortesia, para que juntos possamos comemorar o nosso triunfo – assim o diz ele, já que, segundo suas próprias palavras, "sempre entenderá um triunfo meu como sendo dele próprio".

Os olhos de Osíris nublaram-se por alguns instantes e, somente depois, pôde fazer este comentário, não sem a voz nitidamente embargada:

– Oh, humilde e adorável irmão...! Como pode pedir encarecidamente que faça algo que a mim será mais doce do que provar do mais doce figo que pode produzir o Egito inteiro? Será com imenso prazer que beijarei suas peludas faces, antes mesmo que o faça ao rosto macio de minha amada Ísis, que tão ansiosamente aguarda o meu retorno!

O ordenança recebeu autorização para seguir de volta, a fim de comunicar a Seth o assentimento de Osíris.

– Humilde e adorável irmão! – rosnou o pérfido deus, cuspindo um jato de bile negra tão logo foi informado das palavras de Osíris. – Então é assim que esse maldito me vê: um ser humilde, disposto a bajulá-lo a qualquer custo? Veremos, então!

Quando a noite caiu, a comitiva de Osíris chegou, finalmente, aos domínios de Seth, sendo recebida por este com uma verdadeira efusão de abraços e palavras doces. Enquanto Osíris derramava copiosas lágrimas, Seth aproveitou a ocasião para roçar enojadamente as suas faces nas dele a fim de lambuzar seus traços com um pouco das lágrimas do irmão, já que seus próprios olhos estavam mais secos que a mais rasa das cisternas do deserto.

– Jamais saberá, meu muito humílimo irmão, como é grato à minha alma ver nossas lágrimas assim tão nobremente confundidas...!

Desta feita, lágrimas verdadeiras assomaram aos olhos de Seth – lágrimas de ódio.

Seth, depois de recobrar a serenidade, convidou Osíris a fazer uma ligeira refeição e ir logo repousar em seus aposentos, já que o banquete de confraternização ficara adiado para o dia seguinte, devido ao adiantado da hora.

Osíris aceitou tudo da maneira como seu irmão queria, e aproveitou para contar-lhe desde já alguns lances de sua extraordinária expedição.

Seth escutou a tudo com a alma negra de ódio, e foi somente a custo que convenceu seu irmão a recolher-se a seus aposentos.

– Amanhã me contará tudo com mais vagar e detalhes, querido Osíris – disse Seth, cerrando ele próprio as cortinas do leito de seu irmão.

◆ ◆ ◆

A noite estava alta quando a porta do quarto onde Osíris ressonava profundamente entreabriu-se imperceptivelmente. Seth, vestido apenas com uma tanga, a fim impedir que o menor roçar de suas vestes o denunciasse, adentrou o recinto.

Apesar de a lua iluminar, naquele instante, o deserto inteiro com quase a mesma claridade do astro regido por Rá – a divindade suprema dos egípcios –, ali dentro da ampla peça onde Osíris refazia-se de sua exaustão havia como que uma perfeita treva. Uma espessa cortina impedia que da janela vazasse para as faces do deus adormecido a claridade quase ofuscante da lua.

Pé ante pé, o desnudo deus rival aproximou-se do leito até poder afastar, muito suavemente, com as pontas de seus dedos aduncos, a cortina do leito de Osíris – o segundo véu, portanto, a proteger o seu divino sono.

Durante alguns instantes, o deus do rosto de chacal esteve a observar a face do irmão com intensa atenção. Então, sacando de uma linha de medir, encostou-a muito sutilmente sobre o topo da cabeça adormecida e foi desenrolando-a, com a mansidão das coisas finamente premeditadas e executadas, até alcançar-lhe a planta dos pés.

Estando perfeitamente esticado, o fio, porém, começou a vibrar nas mãos de Seth, que foi acometido por uma incontrolável vontade de espirrar.

"Maldita imprevidência!", pensou ele, ao lembrar-se do quanto as noites podiam ser frias no deserto – ainda mais a alguém quase inteiramente despido!

Sem ousar tirar os braços do lugar, Seth voltou instintivamente a cabeça para trás. Uma lufada repentina de vento empurrou a cortina e ele pôde ver, inteiro, o disco prateado da lua, que brilhava com a mesma intensidade de um imenso sol de gelo. Ao mesmo tempo, um jato gelado de vento percorreu-lhe a espinha como o gume gelado de uma adaga. Obrigado, então, a "engolir" o espirro, Seth provocou uma rebelião interior tal, em todo o seu corpo, que o comprido fio, até então inteiramente esticado, rompeu-se em suas mãos como uma finíssima teia de aranha.

Com as duas pontas pendentes em cada um dos dedos, Seth maldisse, uma por uma, todas as criaturas do deserto, somente sendo retirado dessa agradável oração quando sentiu um ventinho quente e regular agitar-lhe a parte anterior da tanga. Ao abaixar os olhos viu, então, que Osíris voltara-se, sem que ele percebesse, na sua direção.

Frente a frente com um panorama verdadeiramente infame, o esposo de Ísis, ainda assim, ressonava inocentemente. Enquanto isso, Seth, obrigado a esticar um novo fio, recomeçara o seu trabalho, fazendo descer o agora estreitíssimo fio como a mais delgada das serpentes desde a cabeça do deus adormecido, passando-lhe pelo tronco – até descobrir, subitamente horrorizado, que Osíris, deitado de lado, encolhera um pouco as pernas, em ligeira posição fetal.

"Maldição de Apópis!", ciciou ele, involuntariamente, invocando a terrível serpente noturna. Com os membros quase congelados, Seth agora tremia de raiva.

Continuando a segurar o fio na extremidade superior de Osíris com uma das mãos, prendeu-o com a outra, muito levemente, na cintura do irmão. Agora era preciso medir dali até o joelho dobrado e, depois, fazer uma curva para alcançar finalmente os pés, mantendo o fio sempre esticado.

"Quantas mãos seriam necessárias?", pensou ele, agoniado.

Retroagindo aos dias primevos da evolução, Seth chegou à conclusão de que teria de fazer de seus pés outras duas mãos. Sem pensar em mais nada, o deus desnudo ergueu a perna esquerda e prendeu o fio com o dedão na cintura de Osíris (Santo Rá!, que o deus supremo o livrasse do desastre de alguém entrar no quarto justamente naquele instante!), enquanto com a mão esquerda livre conduzia o fio até o joelho. Depois, podendo já desobrigar os demais membros, conseguiu levar o fio até os pés do deus adormecido – e ali estava a medida!

Seth, novamente com os dois pés firmes sobre o solo, inteiriçou-se todo e, assim como havia chegado, afastou-se mansamente, levando consigo o fio precioso.

◆ ◆ ◆

O banquete, de fato, aconteceu no dia seguinte, cabendo a Osíris a honra de sentar-se no lugar principal do grande salão, à vista de todos, para que suas palavras fossem perfeitamente audíveis. Ao seu lado estava seu irmão Seth, enquanto que, espalhados pela grande mesa, refestelavam-se os 72 conspiradores.

– Fico grato em saber que todos vocês acorreram pressurosos do Egito para unirem-se a esta maravilhosa homenagem que meu irmão, excedendo a sua natural modéstia, me oferece hoje – disse Osíris, antes de começar a narrar para aquela seleta assembleia de assassinos os seus triunfos pelo mundo.

O relato do deus consumiu boa parte do banquete, e foi com indizível ódio que Seth e seus sequazes suportaram aquele verdadeiro martírio oratório. Na verdade, o discurso de Osíris teria se prolongado até a barca de Rá sumir-se totalmente no horizonte caso o próprio Seth não o houvesse amavelmente interrompido.

– Meu adorado irmão, permita que interrompa por um instante a magnífica descrição de seus notáveis feitos, para que lhe faça uma modestíssima surpresa! – disse Seth, para alívio imediato de toda a assistência.

Osíris, agradavelmente surpreso, suspendeu a sua fala.

Nesse mesmo instante, um grupo de escravos adentrou o salão carregando uma grande arca, sob o formato de um ataúde.

Todos os olhos, como que magnetizados, grudaram-se naquele maravilhoso objeto. Feito do sândalo mais resistente e aromático, o grande sarcófago era todo cravejado das mais finas joias, enquanto que sua tampa era recoberta por um deslumbrante painel desenhado finamente à mão, no qual sobressaía o escaravelho sagrado a erguer do horizonte o disco solar, sob a forma do olho místico de Rá.

– O que vem a ser exatamente esta bela arca, meu irmão? – disse Osíris, sem poder desgrudar os olhos dela.

– Trata-se de um magnífico repositório, no qual o seu futuro dono poderá guardar todas as suas riquezas – disse Seth, cheio de orgulho.

– Na verdade, caríssimo irmão, é difícil imaginar que alguma coisa mais valiosa do que a própria arca possa ser colocada dentro dela! – disse Osíris, com espírito, e absolutamente encantado com aquele presente que desde já adivinhava ser para si.

– Este, justamente, é o desafio! – disse Seth, aproveitando a deixa magnífica. – Esta arca passará a pertencer somente àquele que tiver maior valor do que ela própria.

– E como chegaremos a tal conclusão, meu diletíssimo irmão?

– Muito simples, adorado Osíris: a partir de agora será dado, a todos que o quiserem, estenderem-se no interior da bela arca. Aquele que tiver a exata medida do seu interior, passará a desfrutar dela para todo o sempre!

Seth disse estas últimas palavras com uma nota indisfarçada de ironia na voz, que jamais teria passado despercebida por Osíris, caso este não estivesse absolutamente seguro de que estava prestes a se iniciar uma inofensiva brincadeira.

Imediatamente, Seth declarou, em tom de galhofa, que estava aberta a competição.

– Tenho a certeza de que meu irmão Osíris não se incomodará em ficar por último – disse ele, dando-lhe uma piscadela de olhos, como a confirmar que se tratava de uma brincadeira de cartas marcadas, na qual desde já se sabia de antemão quem seria o vencedor.

Osíris, encantado pela graça, aceitou abrir mão de um privilégio que sabia ser seu em nome da divertida sequência de acontecimentos que se anunciava.

Então, antes que Seth repetisse a oferta, o primeiro candidato adiantou-se.

Tratava-se, naturalmente, de um gorducho, que avançou aos trambolhões por entre o exército de assistentes, atirando os braços roliços para os lados, como um afogado (embora integrasse o número dos conspiradores, fora, entretanto, tomado por uma súbita vertigem de poder, ele próprio, caber naquela preciosidade que valia não um, mas cem sacos de ouro). Vestido unicamente com um larguíssimo saiote egípcio esverdeado, o gorducho trepou para cima da grande urna retangular, num esforço brusco que fez sua enorme pança sacudir em desacordo com suas duas grandes tetas bronzeadas. Acompanhado por um coro de risos, o tonel humano agachou-se e começou a rebolar em cima da urna, na tentativa desesperada de tentar encaixar, a qualquer custo, as suas nádegas descomunais no vão estreito. Mas a única coisa que conseguiu foi fazer com que as graxas de sua barriga de pipa se agitassem com a mesma regularidade das ondas que o mar lança e depois recolhe novamente ao seu seio.

– Vamos, não há comida alguma aí dentro! – disse um gaiato, lançando um grande grito.

– Nem isto, tampouco, é um penico! – disse outro, perdido de riso.

Logo em seguida, outra voz, mais atilada, gritou em tom de alerta:

– Cuidado...! O hipopótamo vai espatifar a urna!

Um coro de risos subiu até o teto côncavo do salão e desceu com o ruído amplificado de uma revoada de cacatuas.

Somente então se percebeu que o gracejo estava a ponto de tornar-se realidade, pois o gorducho, na ânsia de enfiar o traseiro na urna, terminara nela entalado com seu grande e rotundo traseiro.

– Vamos, idiotas, façam alguma coisa! – gritou Seth aos escravos, sem conseguir achar graça de um incidente que poderia botar seu plano inteiro por água abaixo.

Quatro escravos cercaram o gordo, que arquejava miseravelmente na ânsia de libertar suas rotunidades posteriores da prensa em que estavam metidas. Fazendo uso de alguns pés de cabra, os escravos, contudo, conseguiram finalmente libertá-lo.

Com o saiote destruído, o gordo ergueu-se, atarantado, com as suas grandes nádegas pálidas tornadas escarlates e cobertas de estrias ensanguentadas.

– O próximo! – disse Seth, reanimado, ao ver que o próprio Osíris divertia-se imensamente com o espetáculo da cobiça humana, embora um pouco receoso de que justamente ela pudesse pôr tudo a perder.

Desta vez quem subiu foi um sujeito de peso normal, mas que infelizmente parecia ser apenas um pouco maior que uma criança. O semianão, com a confiança delirante que lhe dava uma desmedida autoestima, se deitou triunfalmente dentro da urna, colando os pés na extremidade inferior. Sua cabeça, contudo, não ultrapassou a metade do esquife, o que todos observaram quando os escravos suspenderam a urna para que pudessem ver o resultado (mesmo que, numa última e desesperada tentativa para resgatar sua gigantesca autoestima, o anão tivesse se colocado na ponta dos seus pezinhos).

– Talvez metendo outro aí dentro...! – disse uma voz, provocando nova remessa de risos.

Como a ideia parecesse a todos perfeita, logo os convidados deram um jeito de encontrar outro baixinho na assistência e, fazendo uso daquela crueldade estúpida, que é para os irracionais o preço de uma boa gargalhada, ergueram nos braços um nanico calvo e o arremessaram para dentro da urna, numa explosão de risos e vaias.

– Muito bem, é o vencedor! – gritava a malta, numa histeria de risos, ao enxergar os dois semianões empilhados, um por cima do outro – e que ainda assim não bastavam para preencher todo o espaço vazio.

– Fora com os dois! – gritou Seth, com perversa alacridade.

Em seguida, subiu à urna um sujeito magro, do tamanho de uma coluna.

– Cortem-lhe os pés...! – disse um.

– Não, cortem-lhe a cabeça; fará menos falta...! – disse outro.

O que lhe sobrava em extensão faltava-lhe, contudo, em largura, de tal sorte que se fora menos alto poderiam perfeitamente ter sido dispostos, lado a lado, dentro da urna, como um feixe de caniços, pelo menos três ou quatro companheiros de idêntica compleição.

◆ ◆ ◆

A brincadeira – que se transformara em disputa acirrada – ainda se estendeu por todo o dia, de tal forma que somente à noite o deus homenageado viu chegada a oportunidade de ele próprio deitar-se dentro da urna valiosa.

– Vamos, querido irmão – disse-lhe Seth, profundamente aliviado. – Parece mesmo que é a você que está destinada esta preciosidade!

Osíris, que nunca se divertira tanto em sua vida, aceitou o convite e subiu para cima da urna. Antes de deitar-se, porém, percebeu que errava no salão uma atmosfera diferente, como se a tensão houvesse expulso brutalmente dali a diversão. Mas, ao voltar pela última vez seus olhos para Seth, viu-o piscar-lhe um olho matreiro, devolvendo-lhe a anterior confiança.

O esposo de Ísis estendeu-se, então, totalmente, dentro da urna, sentindo que seu corpo encaixava-se perfeitamente no objeto. Sem poder ver nada, a não ser o teto do salão, Osíris começou a sentir-se vagamente angustiado, e já se preparava para erguer-se outra vez quando a voz de Seth rompeu o silêncio:

– Não, não levante ainda, irmão querido! Afinal, é preciso que todos comprovem a sua vitória...!

Novamente os escravos suspenderam a urna, com Osíris dentro, e ele foi mostrado a todos, perfeitamente encaixado. O deus, apesar de humilde, não pôde deixar de sentir uma pequena ponta de vaidade ao ver-se assim mostrado, como um vencedor, a toda a assistência aparvalhada, e ser depois carregado em triunfo por todo o salão sob o estrondo dos aplausos.

Encerrada a homenagem, o esquife foi deitado sobre o estrado outra vez. Mas antes que Osíris pudesse reerguer-se, foi surpreendido por um grito que cortou o silêncio que novamente voltara a imperar:

– É agora...! Tranquem-no imediatamente!

No mesmo instante, seus olhos viram a luz sumir-se. Os conspiradores, de posse da tampa, colocaram-na com a rapidez de um raio sobre ele.

– Seth! Seth! – bradou o pobre deus, bruscamente aprisionado. – Que brincadeira é esta, agora?

Mas, embora confiasse em seu irmão, alguma coisa lhe dizia interiormente que desta feita não estava diante de um gracejo. Mergulhado na escuridão, Osíris tentou estender os braços para evitar a consumação da negra perfídia. Por alguns segundos, ainda conseguiu erguer levemente a tampa, enxergando, porém, apenas uma confusão de corpos à sua volta, como abelhas a zunirem freneticamente em torno ao favo.

E então, num último relance, viu luzirem dois pares de olhos, perversamente brilhantes, bem próximos aos seus. Eram os olhos de Seth.

– Desfrute com calma de seu prêmio, meu muito humílimo irmão – disse ele, com voz escarninha –, pois terá todo o tempo do mundo para isto. Adeus, imbecil!

Numa fração de segundos o par de olhos raiados de sangue desapareceu e a tampa fechou-se com um último e definitivo baque. Imediatamente, ruídos de marteladas soaram aos seus ouvidos, deixando-o quase surdo, enquanto um cheiro insuportavelmente fétido de chumbo denunciava que qualquer fenda existente estava a ser definitivamente lacrada. Gotas de metal incandescido escorreram para dentro e queimaram sua pele, aumentando seu tormento e fazendo com que o cheiro de sua própria pele abrasada o sufocasse.

Osíris compreendeu, então, que o seu fim chegara. Mergulhado numa espécie de transe místico, fez com que seu *ka* – a porção eterna e imortal de sua alma – lentamente se desprendesse de seu corpo, antes mesmo de exalar seu último suspiro, livrando-o, assim, dos tormentos a que a mais negra das mortes o encaminhava.

Embora liberta, a alma de Osíris ainda deveria vagar sem destino, por longos anos, até receber o benefício da mumificação, única possibilidade de poder rumar para a Mansão dos Mortos e tornar-se ali o soberano absoluto.

II – A FUGA DE ÍSIS

Depois de ter matado Osíris, Seth fez com que seus cúmplices lançassem o sarcófago nas águas do Nilo.

– Aí jazerá para sempre, maldito presunçoso! – disse o deus das feições de chacal ao ver a urna afastar-se, impelida pela correnteza, certo de que jamais tornaria a pôr os olhos no irmão indesejado.

Como uma oferenda lançada às águas, o sarcófago seguiu rapidamente na correnteza, desaparecendo, à luz do luar, numa das tantas voltas que o grande rio faz.

No dia seguinte, Seth enfeitou-se todo como um pavão e, subindo em seu ajaezado carro de guerra, partiu, junto com seus acólitos, para o Egito, onde pretendia tomar o cetro a Ísis, esposa do rei falecido. Quanto a ela, não podia haver qualquer dúvida de que seu destino não seria melhor do que o do infeliz esposo.

Entretanto, espiões de Thot, o deus da sabedoria, haviam descoberto com antecedência as maquinações de Seth e levado a ele as terríveis novidades. No mesmo instante, o deus correu até o palácio de Ísis para dar-lhe a terrível notícia da morte do marido, além de alertá-la do risco que corria.

Ísis custou a crer nas palavras que escutara do grande deus das faces de íbis.

– Thot, do que está falando? – dissera ela, ocultando o rosto em suas próprias mãos. – Meu amado Osíris... morto?

– Sim, Ísis soberana, seu esposo não mais existe – respondeu o deus, acabrunhado. – O perverso Seth não hesitou em dar-lhe traiçoeira morte.

– E onde seu corpo está enterrado? – quis saber a deusa dos olhos amendoados.

– Possivelmente jamais saberemos, alteza...

– Como assim? – disse, Ísis, erguendo-se do seu trono, incrédula.

– Seu corpo foi lançado às águas do Nilo.

Ísis, antes entristecida, agora estava tomada pela ira.

– Osíris insepulto...! – exclamou ela, com o colo arfante.

Todos sabiam, no antigo Egito, da importância de dar-se uma sepultura aos mortos e, mais que isto, da importância de se conservar intacto o corpo do defunto. Somente através do processo de mumificação seria possível manter-se vivo o *ka* do morto, que era a sua porção imortal, nas regiões subterrâneas da Morada dos Mortos.

– Alteza, antes disso seria melhor preocupar-se consigo mesma – alertou Thot –, pois Seth ruma celeremente para cá, a fim de tomar-lhe o cetro e a própria vida.

Ísis, entretanto, parecendo inteiramente alheia ao risco que corria, esbravejou:

– Pois que venha...! Acha, então, que não me sobrou nenhum súdito leal para fazer frente a esse usurpador e assassino?

Neste momento, porém, Ísis sentiu que sua morte poria um fim a qualquer possibilidade de tornar o Egito livre da tirania do usurpador.

– Não, é melhor partir... – balbuciou ela, dando-se conta, afinal, de que não era apenas a sua vida que estava em jogo a partir de agora, mas a de seu próprio povo.

Ísis decidiu dar as costas ao seu reino. Sabia perfeitamente que ainda levaria muito tempo para que pudesse retomar o cetro que pertencera a seu marido Osíris, e que este longo período de trevas seria também um tempo de dura provação para o seu povo.

– Seth reinará – disse ela, curvando-se amargamente ao decreto do destino.

Depois, erguendo suas pálpebras para o amigo, perguntou:

– Você vem comigo...?

– Naturalmente, alteza – disse Thot, sacudindo seu longo bico adunco.

No mesmo instante, os dois deuses puseram-se a preparar a sua fuga. Quando escapavam sorrateiramente pela saída secreta do palácio, viram uma nuvem imensa de areia avançar pelo deserto, tão alta que chegava a ocultar o grande astro que já decaía.

– Vamos – disse Thot, tomando Ísis pelo ombro. – A noite já desce sobre o Egito.

◆ ◆ ◆

Seguindo o conselho do deus Thot e acompanhada por ele, Isís tomou o caminho do delta do Nilo. Porém, quando já haviam caminhado um bom trecho, foram surpreendidos pela chegada inesperada de Anúbis, o deus embalsamador.

– Anúbis, você por aqui...? – exclamou Ísis, surpresa.

Anúbis surgira, com efeito, metamorfoseado no animal que o representa – um grande cão negro de orelhas pontudas, com uma coleira dourada a circundar seu pescoço sedoso e esguio –, a fim de escapar à perseguição dos soldados de Seth.

– Como puderam fugir sem mim? – disse ele, lançando um olhar de despeito a Ísis e, principalmente, a Thot, que também estava inteiramente transformado na grande ave pernalta que o personificava.

Ísis deu-lhe um sorriso bondoso e, após afagar a sua cabeça, onde brilhavam dois grandes olhos úmidos, perguntou-lhe como estavam as coisas em sua terra.

– Péssimas, alteza – disse Anúbis, balançando desconsoladamente o seu grande focinho negro. – Seth, frustrado por não ter podido completar sua obra de extermínio, está perseguindo e liquidando implacavelmente os antigos aliados de seu esposo.

Ísis ergueu a cabeça para as estrelas, tentando encontrar nelas um consolo.

– A morte e a tirania apossaram-se totalmente do trono de Osíris – completou Anúbis, que amava as ênfases trágicas, acrescentando um rosnado de raiva impotente.

Thot, percebendo a nova pontada de dor que as palavras de Anúbis traziam ao peito de Ísis, exclamou, agitando impacientemente as suas grandes asas alvas de íbis:

– Já basta, por ora, de más notícias! O melhor que podemos fazer agora é não atrasarmos ainda mais a nossa jornada.

Anúbis recebeu estas palavras vagamente admoestatórias com um rosnado surdo e um ligeiro arreganhar de suas presas.

Mas Ísis, dando efetivo cumprimento ao desejo de Thot, já seguia adiante.

O grande disco prateado da lua já subira ao zênite, e era graças a ele que os três reiniciavam agora, por entre os charcos e pântanos do delta, a sua longa fuga a pé.

Thot, com suas esguias e compridas pernas amareladas, ia à frente, testando a profundidade dos caminhos encharcados e levando logo atrás de si a encantadora deusa. Enquanto isso, Anúbis, como um cão de sentinela, protegia a retaguarda do pequeno grupo.

"Lá vai o enfatuado na frente!", pensava o deus-cão, com o cenho negro franzido. "Olha só a sua pose de marreco espichado...!"

Anúbis arreganhou os dentes diante do seu improvisado chiste enquanto a grande ave continuava a avançar cautelosamente. De repente, porém, a perna da ave falseou violentamente e um grito estridente partiu de seu longo bico negro:

– Ai, maldição...! Cuidado, magnífica deusa, há um buraco bem aqui! – disse Thot, estendendo sua asa esquerda para Ísis.

Thot espichou suas grandes asas e escapou do buraco, suspendendo a deusa até um local seco e seguro. Entretanto, ao depositá-la novamente ao chão, percebeu que os braços da deusa, bem como os seus seios, estavam completamente arrepiados – já que era costume entre as deusas usarem os braços e os seios desnudos.

– Oh, Ísis, como pude ser tão desatento! – disse o deus-íbis, lamentando o fato de haver esquecido de pegar um agasalho para a deusa na hora da fuga.

– Não se preocupe, Thot – disse a deusa, esfregando os braços e os peitos vigorosamente com suas mãos esguias. – Há mais coisas para nos preocuparmos do que com um par de seios arrepiados.

Mas Thot não podia conformar-se com o desconforto da deusa, e por isto sugeriu que, doravante, ele deveria prosseguir pendurado às costas dela, de modo a envolvê-la num grande abraço de suas asas, protegendo-a, assim, do frio.

– O QUÊ?!! – exclamou Anúbis pondo-se, furioso, sobre as duas patas.

– Sim, poderosa deusa – disse Thot, como se a pergunta houvesse partido dela. – Permita que lhe faça as vezes de um grande manto, de tal forma que possa, a um só tempo, dar-lhe abrigo às costas e aos seus divinos seios.

Ísis, sem paciência para opor-se novamente aos agrados da ave, permitiu que ela fizesse tal como sugerira.

Anúbis, com as pupilas negramente arregaladas, quase teve um ataque de raiva ao ver a atrevida ave aproximar-se da deusa pelas costas, estender o grande manto de suas asas, como uma grande e felpuda toalha, e depois envolvê-la inteira num abraço.

– Isto é o fim...! – exclamou Anúbis, mordendo de raiva a sua pata dianteira enquanto a deusa avançava, levando abraçada a si a grande ave, com seu longo pescoço completamente empinado.

Imediatamente, o imenso cão arremessou-se à frente da deusa, envolta pelo manto maldito.

– Espere, deusa sublime! – disse o deus canino, saltitando à frente dela e chegando mesmo a enredar-se entre suas pernas morenas e esguias.

– Ah, meu Rá...! – disse Ísis, ajeitando melhor a nova estola sobre os ombros. – O que foi agora?

– Permita, rainha entre as deusas, que eu a conduza sob o meu sedoso lombo! – disse Anúbis, deitando uma baba intensa pela língua.

– O QUÊ?!! – disse a ave empoleirada, encurvando a grande cabeça negra na direção do rival.

Ísis, porém, após estudar o caso, decidiu também aceitar o novo oferecimento, a fim de evitar novas confusões.

– Está bem, cumpra-se também a sua vontade – disse ela, dando uma ligeira espanejada no dorso amplo e sedoso de Anúbis antes de sentar-se nele.

Ao sentir sobre o dorso o contato macio das nádegas da deusa, Anúbis experimentou um arrepio de prazer percorrê-lo de ponta a ponta, inteiriçando-se todo em suas quatro patas, como um legítimo puro-sangue.

E assim prosseguiram os três a sua jornada. Mas o que nenhum deles havia percebido é que, um pouco mais atrás, vinham no seu encalço mais sete minúsculos e inesperados membros dessa estranha comitiva.

◆ ◆ ◆

Após um dia inteiro de marcha, Ísis e seus dois companheiros chegaram próximo a uma pequena e solitária residência. O calor escaldante tornara quase insuportável a caminhada, obrigando Ísis a abandonar o seu manto improvisado. Embora a noite já houvesse caído, Thot ainda planava acima da deusa, abanando suas grandes asas como um grande leque de penas brancas, enquanto cantarolava um estribilho provocativo que inventara para provocar a ira do rival:

– Ísis, oh, Ísis...! Doce nome que rima com íbis!

O cão, sem poder fazer nada, tentava aproveitar ao menos um pouco da brisa, com sua grande língua vermelha pendente a despejar um dilúvio de saliva, que o calor remanescente evaporava em questão de segundos.

– Vamos ver quem mora ali – disse a deusa, enxugando o suor da fronte.

Após bater palmas por um longo tempo, viu surgir finalmente, por uma fresta larga, um rosto magro de mulher.

– Bom dia, boa mulher – disse Ísis, com um sorriso dolorido. – Poderia dar-me o consolo de uma breve refeição e um descanso sob o seu abençoado teto?

A mulher, que parecia tão miserável quanto desconfiada, depois de estudar demoradamente as feições queimadas e empoeiradas da deusa, parecia prestes a dar seu assentimento, quando Anúbis, perdendo toda a sua pouca paciência, exclamou:

– Ora, vamos, criatura! O que espera para dar acolhida à sua rainha?

Atraída pela fala do cão negro, a mulher arregalou os olhos.

– Imbecil! – exclamou o íbis, levando as asas à cabeça. – Quer pôr tudo a perder?

– Ora, é apenas uma maldita feiticeira...! – gritou a mulher, fechando de golpe a porta.

– Aí está, idiota! – disse Thot ao cão negro.

– Você que estragou tudo com seu chilique! – respondeu Anúbis.

Ísis acompanhava a discussão insensata dos dois, sem deixar de maldizer interiormente a hora em que resolvera trazer consigo aqueles encrenqueiros.

Mas enquanto os três tentavam chegar a um entendimento, não foram capazes de perceber que sete pequenos escorpiões – que seguiam a deusa desde sua partida do tumultuado Egito – haviam se aproximado sorrateiramente da casa. As marcas de suas 42 perninhas ainda continuavam impressas na areia, como um rastro persistente de sua determinação.

Discretamente, os sete escorpiões correram a se esconder sob a lateral da casa. Ali, entregues a uma espécie de minúscula conjura, confabularam secretamente, agitando animadamente as suas pinças, até que o líder deles, postando-se ao centro do círculo, recebeu em seu corpo o veneno de todos os demais.

Logo em seguida, o grupo se desfez, e o pequeno artrópode, como quem tinha uma grave missão a cumprir, começou a procurar por uma fenda na parede da casa – coisa que, afinal de contas, não custou muito a encontrar, já que a miserável construção era repleta de buracos. Antes de penetrar pela fenda, contudo, o escorpião ainda voltou seus olhos minúsculos na direção de Ísis, que junto com o cão e a ave, já seguia bem adiante, o que só lhe fez apressar os movimentos.

Introduzindo-se no interior da casa, o pequeno aracnídeo alcançou o chão, de pó batido. Como a casa possuísse somente duas peças, rumou imediatamente para a primeira, onde encontrou a mulher a cozinhar algo sobre um fogo instável de gravetos secos. Nesse momento, entretanto, escutou o ruído de uma criança no quarto ao lado.

Imediatamente, o escorpião rumou seus passos para lá, onde deparou-se com um pequeno berço, dentro do qual uma criança balbuciava, pedalando o ar. Com a agilidade que lhe davam suas pinças preênseis, o inseto galgou até o interior do berço e viu-se frente a frente com o pequeno e indefeso ser. Sem hesitar, o escorpião ergueu bem alto a sua cauda, onde brilhava sobre o pontudo ferrão uma sinistra gota da cor do âmbar, e a fez descer em seguida sobre a perna rechonchuda da criança.

Um grito terrível de dor atroou as paredes do pequeno casebre.

A mãe da criança correu em pânico até o berço, apenas para deparar-se com o pobre filho inteiramente roxo e já sem qualquer respiração.

– Socorro! Socorro! – gritou ela, pondo as duas mãos na cabeça. – Ai, meu deus, meu filhinho morto por um traiçoeiro escorpião!

Afligida por esta que era uma das principais causas de mortes de crianças – e mesmo de adultos – no antigo Egito, a mulher botou literalmente a boca no mundo.

– Pelo escaravelho sagrado, que gritaria é essa? – disse Thot, detendo seu voo.

Ísis e Anúbis também detiveram imediatamente a sua marcha e, antes que qualquer dos dois deuses pudesse fazer algo, Ísis já voltava sobre seus passos, correndo loucamente na direção da casa.

Tão logo alcançou a frágil porta, arrombou-a, indo encontrar a pobre mulher abraçada a seu filho morto, com o olhar esgazeado das loucas.

– Você, maldita...! – disse a mulher, com uma espuma tão intensa nos lábios que mais parecia ser ela a envenenada.

– Vamos, dê-me a criança! – disse Ísis, avançando para tomá-la.

– Não toque nela, bruxa...! – gritou a mulher, dando-lhe as costas e abraçando-se com tanta força à criança que, se esta ainda não estivesse morta, certamente teria entregue ali a sua pequena alma ao poderoso Rá.

– Mulher imbecil, faça o que a sagrada Ísis diz! – disse Anúbis, após ter entrado, num pulo, pela janela da casa.

Ao escutar aquele nome sagrado, do qual Ísis, por precaução, preferira não valer-se no começo, a mulher afrouxou involuntariamente os seus braços.

– Vamos, dê-me logo – disse a deusa, cujo acento doce teria obrigado até a mais feroz das leoas a lhe entregar o filhotinho morto.

Ísis, tão logo teve a criança em seus braços, começou a fazer alguns encantamentos sobre sua ferida. A mulher, apesar de esperançosa, ainda trazia no rosto a máscara do terror, enquanto que Anúbis e Thot acompanhavam atentamente a operação, num canto, sem mexer um único pelo ou uma única pena.

Graças à deusa, em breve a criança voltou a dar sinais de vida, e, quando seus olhinhos abriram-se, um sorriso puro desenhou-se em seus lábios, como se nada de terrível houvesse acontecido. No mesmo instante, a pobre mãe arrojou-se e abraçou os pés da deusa e assim permaneceu, compondo junto com os demais participantes daquela cena um quadro de rara e mística beleza.

◆ ◆ ◆

Após passarem a noite sob o teto daquela boa mulher, que Ísis cumulou de benesses, a deusa e seus companheiros partiram na manhã seguinte, bem cedo, continuando a sua fuga das hostes de Seth.

– Estive pensando, deusa sublime, se não seria melhor retornarmos para os pântanos – disse Thot, apreensivo, que amanhecera com o novo e surpreendente aspecto de um grande babuíno branco, uma das formas que o culto lhe atribuía.

O grande macaco alvo, com efeito, trazia o ar preocupado de quem fora assaltado durante a noite por graves pressentimentos.

– Também acho melhor, venerável deusa – disse Anúbis, pela primeira vez concordando com o rival, uma vez que este perdera seu antipatizado aspecto anterior.

– O que há com vocês? – disse Ísis, que acordara bem-humorada e cheia de disposição. – Só entram em acordo quando estão ambos tomados pelo medo?

– Talvez pela prudência, corajosa deusa – disse Thot, corrigindo. – Melhor rumarmos para Buto, o lugar mais seguro por estas bandas.

Thot, ao encarnar a figura do babuíno, voltara também a assumir o papel de guia sábio que as circunstâncias, desde o começo, haviam lhe imposto.

– Está bem, meu experiente mestre – disse ela, acariciando o pelo espesso do grande primata –, façamos como manda a sua sabedoria.

Thot tomou a dianteira, andando de quatro, com o passo desajeitado dos símios, enquanto Anúbis voltava a ocupar, agora de bom grado, o lugar de sentinela atrasada da pequena comitiva.

Imediatamente os três meteram-se outra vez pelos pântanos do delta do Nilo, cumprindo um duro périplo pelas regiões alagadiças. De qualquer modo, Ísis já estava quase acostumada com sua nova vida, embora soubesse que não poderia deter-se ali por tempo indeterminado.

– Estou perdendo um tempo precioso – dizia ela para si mesma, sempre que tinha algum tempo para descansar e refletir. Seu instinto a alertara de que Seth estava a um passo de descobri-los. Assim, quando o dia amanheceu, encontrou a deusa perfeitamente determinada, a preparar as suas coisas.

– Vamos partir novamente? – disse Thot, escovando avidamente o seu pelo grisalho como quem limpa um casaco às pressas, para partir de imediato.

– Por onde começaremos a viagem, rainha? – disse Anúbis, sacudindo o rabo.

– Irei sozinha – disse Ísis, com tanta determinação que os dois companheiros ficaram petrificados.

– Ora, está brincando?! – disse Thot, arregalando os olhos.

– Não, não estou – disse ela, procurando ser o mais seca possível. – Preciso despertar o mínimo de atenção, e vocês dois só serviriam para atrair suspeitas.

Antes que os dois companheiros pudessem fazer algo, Ísis subiu num salto para o pequeno barco de junco que haviam confeccionado nos últimos dias e afastou-o da margem do rio com um vigoroso pontapé.

– Adeus – disse ela. – Se precisar de ajuda, darei um jeito de chamá-los.

O barco foi rapidamente engolfado pela correnteza, não dando a menor chance nem ao cão e nem ao babuíno de puderem nele embarcar.

– Viu só no que deram as suas brigalhadas? – disse Anúbis, rosnando para o babuíno.

– O culpado foi você, com suas malditas implicâncias! – gritou Thot, louco de raiva.

E assim ficaram os dois, voltados um para o outro, a descarregarem a sua ira – o que, afinal de contas, foi bom para ambos, pois se pouparam ao amargo desgosto de ver Ísis desaparecer em seguida, numa curva abrupta do Nilo.

Só então ambos perceberam que teriam de aguardar juntos o retorno da deusa e que o melhor meio para fazerem isso seria exercitarem a cordialidade recíproca.

III – EM BUSCA DA URNA

Era a época das cheias do sagrado Nilo. Com as águas engrossadas por um volume imenso que descia das cabeceiras, fruto das abundantes chuvas que o céu despejava, o Nilo tornava-se um rio tortuoso na maior parte do seu leito, com animais mortos e pedaços de vegetação – que às vezes podiam ser galhos imensos ou mesmo árvores inteiras – a descerem velozmente, impelidos pela vigorosa correnteza.

Desprezando o perigo, Ísis decidira embarcar no período menos indicado para uma expedição fluvial. Agoniada com a situação em que seu amado Osíris se encontrava, ela decidira entregar-se aos azares da sorte, ainda que confiada à proteção do poderoso Rá e à intercessão de seu divino esposo, cuja alma devia vagar em alguma região daquele rio inóspito e sempre imprevisível.

Na verdade, Ísis podia sentir a presença invisível de Osíris a pairar em cada curva do caudaloso rio – embora, às vezes, também fosse tomada por um certo desânimo, achando que tudo não passava, afinal, de uma enganosa impressão.

– Oh, amado esposo, dê-me um sinal concreto que me leve a você...! – dizia ela, todas as noites, ao fazer uma pausa em suas buscas para retemperar as forças e também a sua fé.

Ao mesmo tempo, porém, uma outra força, completamente oposta à primeira – e que ela podia sentir com quase a mesma intensidade –, também errava em cada centímetro do rio e de suas margens completamente alagadas. Era, com toda a certeza, o espírito maléfico de Seth, o cruel usurpador do trono egípcio, a espalhar por todo o curso do rio a sua sinistra energia.

Numa dessas manhãs sombrias, nas quais Ísis despertara para mais um dia de busca, ela percebeu as primeiras e débeis luzes do novo dia – que apenas conseguiam tornar levemente pálidas as densas nuvens acumuladas sobre sua cabeça –, estirando sobre o junco seu corpo dolorido de mais uma noite maldormida.

Mal coberta por algumas folhas encharcadas que lhe haviam feito as vezes de um úmido e verdejante cobertor, Ísis desvencilhou-se logo delas e sentou-se no interior do barco de junco. Podia sentir impressas sobre o rosto as marcas do fundo nodoso da embarcação, bem como o contato de seu cabelo, ainda perfeitamente úmido. Ao mesmo tempo contemplou, desolada, os dedos dos pés, completamente enrugados do contato constante com a água acumulada nos rebordos da frágil embarcação. Tomando de uma casca côncava de árvore, Ísis repetiu, então, a penosa tarefa de retirar do interior do pequeno barco o excesso acumulado das chuvas, coisa que era obrigada a fazer de três a quatro vezes por dia.

Sua pele, além de úmida, estava naturalmente fria, e a deusa podia sentir o bico dos seus seios permanentemente duros, sinal levemente incômodo e dolorido de que seu corpo estava a um passo de algo parecido com o enregelamento.

Veio-lhe à mente, então, a lembrança do abraço das alvas e cálidas penas de Thot, e um sorriso meio desconsolado errou frouxamente em seus lábios.

"Pobre Thot...!", pensou, ao lembrar do ar atônito que o deus-íbis – então já transformado em um babuíno – fizera ao saber que não poderia acompanhá-la em sua segunda expedição. E de imediato lhe veio à mente, também, a figura patética de Anúbis, com seu rosto aquilino de cão desfigurado pela decepção.

Nesse momento, porém, um clarão muito forte despertou-a de seu devaneio, e logo em seguida um violento trovão explodiu, sacudindo a natureza inteira. Ao voltar os olhos novamente para cima, a deusa percebeu que o dia, ainda incipiente, como que retrocedera diante daquilo. Nuvens compactas, de um intenso azul-ferrete, avolumaram-se sobre a sua cabeça, sobrepondo-se umas às outras num atropelo nervoso que provocava os terríveis estrondos.

Em um segundo, fez-se noite fechada outra vez. Os pássaros, perplexos por aquele súbito retrocesso às trevas noturnas, recolheram suas asas molhadas, fazendo emudecer o seu alarido matinal. Ao mesmo tempo, os predadores noturnos detiveram seus passos, a meio caminho de suas tocas, imaginando que a natureza lhes dava um acréscimo de escuridão para tentarem uma última e bem-sucedida caçada.

– Chuva outra vez – disse Ísis, numa resignada e sombria aceitação, quando os grossos pingos de um novo temporal começaram a desabar copiosamente sobre ela.

Na primeira oportunidade, ela teria de fazer uma cobertura improvisada, pensou, enquanto impelia para diante, com um comprido remo, a embarcação. Não havia mais tempo a perder, uma vez que as chuvas não cessariam tão cedo.

Sentada sobre o assento, tornado macio com algumas penas de aves mortas que havia recolhido pelo caminho, a deusa percorreu os caminhos do rio, sempre cuidando para permanecer próxima das margens.

Tão logo a claridade do dia retornou um pouco, as mais variadas espécies de animais reapareceram outra vez, para dar início a mais um dia de luta pela sobrevivência. Ísis, sempre atenta a ver se identificava o sarcófago de Osíris encalhado sobre a vegetação, nem por isto deixava de apreciar o magnífico espetáculo. A vida e a morte estavam ali, diante dos seus olhos, e era com um olhar reverente que ela apreciava a prodigiosa obra do Criador.

Excessivamente enlevada pelo aspecto estético da natureza, Ísis terminou descuidando-se, no entanto, de seu aspecto rude e imprevisto, razão pela qual sofreu um tremendo susto ao ver erguer-se subitamente das águas, logo à sua frente, uma colossal massa escura, que em tudo sugeria a erupção de uma ilha.

– Pelo disco de Rá...! – exclamou ela, ao ver abrir-se logo em seguida, em meio ao espadanar de água, uma imensa bocarra, de gengivas rosadas e repleta de dentes chatos como pequenas panelas brancas, cercada por duas presas amareladas nos cantos, como dois chifres mortalmente ameaçadores.

Com um golpe ágil do remo, a deusa conseguiu desviar o barco, momentos antes de colidir com esse hipopótamo verdadeiramente prodigioso.

O animal permaneceu com a boca aberta, despedindo um ronco que soou como uma censura áspera à invasão de seus domínios por aquela intrusa.

– Calma – disse a deusa, ainda voltada para ele. – O Nilo é grande o bastante para todos!

E assim seguiu Ísis em seu périplo durante o restante do dia, porém, sem sucesso. Aos poucos ela ia vencendo toda a costa egípcia, sem nunca, contudo, encontrar o que tanto procurava. Ao mesmo tempo, sentia cada vez mais próximo de si a presença de seu amado esposo Osíris. E foi com ele em mente que, certa noite, logo após encostar seu barco às margens do rio, Ísis foi brindada com um belo sonho.

Nesse sonho, ao mesmo tempo belo e estranho, ela navegava por um rio parecido com o Nilo, porém de águas inteiramente rosadas e sem qualquer margem ao redor. Somente ela navegava em toda a extensão do leito, deitada inteiramente nua sobre um lótus enorme que tinha o exato comprimento do seu corpo – na verdade, parecia ter sido desenhado expressamente para as suas belas medidas. Deitada, ela observava passarem ao alto algumas nuvens transparentes como véus, enquanto um sol brilhante, porém nem um pouco ofuscante, brilhava sobre a sua cabeça.

De repente, porém, ela escutou o ruído de algo que emergia bruscamente das águas. Erguendo a cabeça, ela avistou bem à sua frente uma árvore frondosa – talvez uma acácia, porém infinitamente maior –, de folhas que, embora todas verdes, despediam reflexos esporádicos de todas as cores.

Então uma voz – muito parecida com a de seu amado Osíris – soou-lhe, como que vinda do interior da própria árvore, ainda toda gotejante da emersão.

– Não desista, Ísis amada...! – disse a misteriosa voz, repetindo, ainda, por mais duas vezes, o seu suave apelo.

A deusa, pondo-se de joelhos, inclinou o busto quase até a água e, fazendo de seus braços dois remos morenos e esguios, impeliu sua frágil embarcação para debaixo da árvore. Um calor intenso acendeu-se em seu corpo, fazendo com que um suor copioso brotasse de cada poro de sua pele. Entretanto, ainda havia tanta água acumulada sobre a árvore que uma verdadeira chuva continuava a descer de suas milhares de folhas iridescentes, molhando o dorso inclinado da deusa tão logo ela esteve ao abrigo de sua copa imensa. Um alívio refrescante inundou sua pele e fez com que ela, erguendo-se sobre os dois pés, tocasse com a mão no largo tronco úmido, por onde desciam, numa rapidez vertiginosa, filetes de água esguios e serpenteantes como pequeninas cobras de vidro.

– Osíris, amado, é você quem está aí? – disse a deusa, colando seu busto ao tronco de cascas inteiramente firmes e unidas umas às outras com tal perfeição que suas cesuras irregulares pareciam apenas contornos traçados à pena, completamente indiscerníveis ao toque das mãos.

Ísis nada mais escutou, sentindo apenas um apelo mudo provindo da árvore penetrar o seu corpo e impeli-la, cada vez mais, a estreitar seus braços ao redor do sólido tronco. Ao fazê-lo, porém, sentiu que a casca, antes tão rígida, começava a amolecer agradavelmente, e seu peito afundava para dentro do tronco, dando-lhe uma sensação de calidez como jamais havia sentido antes em toda a sua vida.

Nem por um momento sequer a deusa hesitou em misturar a sua natureza divina à daquela maravilhosa árvore, e foi sem qualquer resistência que se entregou totalmente àquele abraço ao mesmo tempo natural e divinamente concupiscente.

Subitamente, Ísis sentiu nos seios e no ventre pequenas agulhadas, que introduziram uma ligeira sensação de desagrado ao seu prazer – mas que, ainda assim, não lhe era totalmente incômoda. Mas assim como o abuso de um tempero muito picante termina por estragar um prato, da mesma forma a intensificação das pontadas acabou por quebrar a medida estreita do prazer que a dor acrescenta quando a ele imoderadamente se associa. Ísis acordou, revolvendo-se no leito, enquanto esfregava os seios e o ventre, num gesto mecânico, para afastar as pequenas pontadas.

Somente, então, inteiramente desperta, deu-se conta de que uma nuvem de mosquitos descia sobre o seu corpo, o que obrigou-a a retirar o barco daquele lugar insalubre e levá-lo mais para fora da mata. Desgostosa com o inconveniente, Ísis tratou logo de acalmar-se, ocupando o restante da noite em tentar reviver o delicioso sonho. Encolhida no fundo do barco, para facilitar o trabalho de reconstrução do sono, Ísis, infelizmente, não obteve sucesso em sua tentativa.

Mas o que o sono não pôde fazer, puderam – e ainda mais concretamente – os esforços conjugados de sua imaginação, dando a Ísis o desfrute inteiro das emoções que o sono, bruscamente interrompido, não pudera lhe dar.

◆ ◆ ◆

Ísis, cada vez mais distante do Egito, deixara já a foz do Nilo e ingressara no mar, aproximando-se da costa da Fenícia. Próximo à cidade de Biblos, a rainha deposta começou a lamentar-se amargamente:

– Osíris querido, onde foste parar?

E então sua frágil canoa passou defronte de um grande e enigmático espaço aberto nas margens, como se algo de muito importante houvesse sido retirado recentemente dali. Ísis sentiu, como nunca antes havia sentido, a presença de seu amado esposo.

– Ele esteve aqui! – disse ela, pondo-se em pé. – Sim, eu posso sentir!

No mesmo instante, algo de espantoso ocorreu: uma legião de colibris começou a reunir-se no local vazio e, logo em seguida, paralisando-se num voo estático, começou a dar forma a algo que de longe podia-se perceber tratar-se perfeitamente de uma árvore, com seu tronco e as amplas ramas generosamente espalhadas.

A deusa estava certa. Fora exatamente ali que a urna contendo o corpo de seu esposo assassinado fora encalhar, após a sua grande e malfadada viagem.

Escondida às margens dos salgueiros, a urna ali permanecera por algum tempo, até que um verdadeiro milagre começara a ocorrer: de dentro dela começaram a brotar ramos, como os de uma trepadeira, os quais foram envolvendo-a rapidamente. Ao mesmo tempo, uma casca espessa começou a revestir a urna e a espichar-se para o alto a ponto de tornar-se, em pouco tempo, uma enorme acácia de folhas verdes e vicejantes.

Durante alguns meses a árvore de majestosas frondes permaneceu ali postada, a receber em seus galhos o pouso de todas as aves da região, atraídas pelo odor maravilhoso da resina que percorria o tronco e os galhos, até que um dia chegou ao conhecimento do rei de Biblos a existência dessa magnífica árvore. Curioso, ele deslocou-se até ela com uma pequena comitiva e, tão encantado ficou com aquele raro espécime que, movido pelo pendor natural dos reis de julgarem ser destinado a eles tudo quanto haja de belo na pequena porção do mundo que lhes coube administrar, decidiu arrancar a árvore e levá-la para o seu majestoso palácio.

– Lá estará num local digno de sua beleza – dissera o rei, enquanto a árvore era cortada pela raiz e acomodada em uma grande embarcação.

Depois de ter a copa e os bastos ramos podados, restara da árvore apenas o tronco, que a mão operosa dos artistas da corte haviam tornado perfeitamente liso, recobrindo-o depois de magníficos entalhes. Estes, entretanto, conquanto não deixassem de ser notáveis, ainda assim não eram capazes de rivalizar com a anterior e natural beleza do tronco, despido de qualquer enfeite ou adereço.

Ísis esteve a observar aquele espetáculo miraculoso dos colibris a desenharem com seus próprios corpos a acácia ausente, até que, num único movimento, todos dispersaram-se pelos ares num alarido verdadeiramente espantoso.

Convicta, então, de que ali, naquela enigmática ausência, estava o fim de suas buscas, Ísis resolveu consultar alguns moradores da região. Logo um deles lhe informou que, de fato, havia anteriormente ali uma maravilhosa acácia, que o rei levara para servir de majestoso enfeite ao seu belo palácio.

A deusa, tomando imediatamente o rumo do lugar, aproximou-se finalmente do palácio. Sem poder ingressar na morada do rei, resolveu então recorrer, pela primeira vez desde que começara sua busca, às artes mágicas da metamorfose. Após transformar-se numa minúscula andorinha, Ísis ergueu voo e adentrou os salões do palácio através de uma das dezenas de grandes janelas que o rodeavam.

Era num começo de tarde e, por isto, tanto o rei quanto a rainha haviam se recolhido a seus aposentos a fim de fugirem ao calor sufocante. Os criados, entregues também às suas ocupações em outras alas do palácio, deram livre curso a que a pequena deusa-andorinha pudesse percorrer todas as dependências do salão. Pousada sobre o imponente trono, a pequena ave moveu sua cabecinha em todas as direções, procurando o pilar, o que não lhe custou muito encontrar, pois ele estava instalado bem no centro do salão.

"Oh, que maravilha!", pensou ela, agitando animadamente as minúsculas asas.

No mesmo instante, a andorinha divina arremessou-se num voo eufórico e pôs-se a contornar o magnífico pilar, tantas vezes quantas uma mariposa revoluteia sobre as chamas de uma lamparina numa noite tórrida de verão.

O tronco da antiga árvore havia adquirido uma tonalidade cristalinamente verde, como uma gigantesca e cilíndrica esmeralda, recortada por veios de lápis-lazúli que praticamente faziam desaparecer as entalhaduras dos artistas. Tão belo fora o resultado alcançado, afinal, que dir-se-ia que a natureza, resolvida a vingar a afronta da arte, alcançara com aquele soberbo revide o seu mais pleno êxito.

Já tonta de tanto circundar o pilar, a andorinha deixou o palácio pela mesma janela pela qual entrara. Depois, oculta do lado de fora, e já em sua forma humana outra vez, a deusa indagou para si mesma qual seria o melhor modo para poder introduzir-se abertamente no palácio real.

Nesse mesmo instante, seus ouvidos, que haviam guardado a mesma precisão das afiadas orelhas da andorinha, captaram uma conversa entre duas vozes femininas, que avançavam lentamente em direção à entrada do palácio.

– Ai, estou farta deste penteado à moda fenícia...! – disse uma delas, com um travo de evidente amargura na voz.

A outra respondeu, num pleno assentimento:

– Eu também! Por que sempre estes malditos cachos?

Preocupada em livrar as duas pobres almas desse terrível dilema estético, Ísis fez um rápido ajuste em seus cabelos e, imediatamente, lançou-se à frente delas, como quem perambula ao sabor da felicidade.

– Olá! – disse a deusa, agitando os lindos cabelos num gracioso negaceio, com o pescoço esguio ligeiramente inclinado para trás.

As duas servas do palácio – pois tais eram elas – ficaram instantaneamente paralisadas.

– O-o-lá...! – disseram ambas, gaguejantes, sem poderem desgrudar os olhos daqueles cabelos negros e tão absurdamente espontâneos que pareciam ter vida própria.

– Q-que... f-fez... em seus... c-c-cabelos...? – disse a primeira servinha, atônita.

– Como...? – disse Ísis, virando com tanta rapidez o pescoço em sua direção que arremessou-lhe às faces o véu magicamente sedoso dos seus cabelos.

Um perfume de indescritível delícia inebriou as delicadas narinas de uma das servinhas, que quase sentiu-se desfalecer. Ao mesmo tempo, a outra, bem mais moreninha e um tanto mais ousada que a primeira, estendeu a mão a ponto de tocar os cabelos da forasteira.

– Seus cabelos... são simplesmente maravilhosos! – disse ela, sem poder ocultar o misto de admiração e inveja que lhe revolvia as entranhas.

A primeira serva, a mais clarinha, ainda com as asas rosadas das narinas a fremirem como a dos coelhos na primavera e sem qualquer capacidade para torturantes jogos de astúcia, simplesmente implorou:

– Pelo amor de Rá, eu quero um penteado igual!

Seu beicinho inferior instantaneamente espichou-se, enquanto um acúmulo repentino de água ameaçou transbordar de suas pupilas nediamente castanhas.

A deusa, penalizada daquela pobre alminha, pôs um fim à sua tortura.

– Ora, bobinha, deixe que eu lhe ensino...!

– Espere, mas quem é você? – disse a mais escurinha, repentinamente desconfiada.

– Sou filha de egípcios – disse Ísis, com segurança –, e procuro um emprego nesta corte maravilhosa.

– Vamos, vamos, me ensine! – disse a primeira, ansiosa.

– Posso seguir com vocês até o palácio? – disse a deusa, de maneira descontraída.

– Não sei se a rainha vai gostar... – disse a outra, afetando uma dificuldade intransponível.

Mas já a outra, apavorada com a possibilidade de nunca mais rever aquele penteado, agarrou-se ao braço de Ísis e começou a arrastá-la em direção ao palácio.

– Vamos, vamos! – disse ela, agoniada, sentindo-se tão inebriada com a proximidade dos cabelos perfumados de Ísis que no último trecho do trajeto converteu-se de arrastante em arrastada.

Logo estavam as três metidas no minúsculo aposento das criadas.

– Sei não... – disse a escurinha, ainda receosa. – Se a rainha nos pega aqui com uma intrusa, é machado na certa...!

Ela referia-se à morte por decapitação – por certo, um exagero, mas que ainda assim lhe parecia um destino menos cruel do que a perda de seu cargo (tragédia horrenda que não ousava sequer pronunciar).

– Qual machado, qual nada...! – disse a clarinha, embicando o traseiro para a companheira. – Vamos, faça-me um penteado igual!

A jovem sentou-se num pequeno tamborete, encolhendo totalmente as pernas – pois sentar-se e esticar as pernas ao mesmo tempo era um luxo que a estreiteza do cubículo expressamente vedava. Em seguida, totalmente entregue aos desígnios da forasteira, atirou sua cabeça para trás, com a mesma determinação de uma mártir antes de ser degolada.

De posse de uma tesoura e de um pente, Ísis finalmente deu início à sua divina e incomparável arte. Enquanto a tesoura batia suas lâminas com a mesma desenvoltura de um pica-pau, a moreninha, com o ouvido colado à porta, cuidava para que ninguém se aproximasse do miserável cubículo – a conquista suprema de sua vida, e da qual nem mesmo aquele penteado maravilhoso iria fazê-la abrir mão!

– Vamos, depressa! – disse ela, segundos antes da tesoura cessar seu ofício.

Ísis terminou e foi buscar um caco de espelho, pendurado na parede estreita e recoberta de papiros com efígies de príncipes famosos da corte.

Ao ver-se transformada numa semideusa, a criada ficou tão transtornada que perdeu a fala por alguns instantes, somente recobrando o maravilhoso dom quando, ao tomar uma das madeixas, aspirou um a um os fios sem sentir o magnífico perfume:

– E o cheiro de rainha...? – disse ela, encompridando de novo o lábio inferior.

Ísis, lembrando-se do toque final, espargiu então generosamente o seu divino hálito sobre a cabeça da criada, até tornar os fios e o próprio couro cabeludo da garota completamente embebidos do mais sublime perfume jamais sentido.

– Vamos, gansa, não desmaie agora! – disse a escurinha, ao ver que a amiga ameaçava desfalecer outra vez. (O uso do apelido depreciativo demonstra que a inveja havia se apossado lamentavelmente de sua pobre alma.)

– Já para a porta! – disse ela, retirando a amiga do tamborete e tomando com fúria o seu lugar.

A escurinha estava agora disposta a tudo – até mesmo a mandar aos brejos o maldito cubículo – para não ter de suportar a empáfia da amiga, transformada subitamente na mais odiosa das rivais.

– Espiche logo estes arames! – disse ela, cruzando os braços, com um olhar de sombria determinação.

Depois de um curto espaço de tempo a escurinha estava dona, também, de um magnífico penteado. Mas Ísis, decidida a privilegiar a peculiaridade da raça, deixou-a com os fios torcidinhos, tal como um arame espichado, o que tornou o efeito final absolutamente encantador.

Tão logo as duas viram-se de penteado novo, deram-se conta de que deveria haver, afinal, alguma espécie de pagamento.

– O que você quer em troca? – disse a escurinha, com a voz quase inaudível.

– Nada – disse Ísis, com o mais cândido dos sorrisos. – Quero que digam, apenas, caso alguém queira saber, que fui eu a autora dos penteados.

As duas criadas juraram, no mesmo instante, que assim o fariam – o que deu a certeza imediata à deusa de que assim não o fariam.

Em poucos instantes, as duas criadas retornaram ao serviço da casa. Um rebuliço ergueu-se tão logo entraram em contato com os demais membros da famulagem, que logo se arremessaram sobre elas para saber onde tinham arrumado tal penteado.

– Talento, minha filha – disse a "gansa", empinando o nariz de asas rosadas.

– Tire a mão! – exclamou a outra, assim que algumas colegas tentaram alisar suas extasiantes madeixas.

Ísis acompanhava o desfile triunfal das duas por entre os majestosos corredores, transformada, outra vez, na pequena andorinha.

De repente, as duas foram chamadas à presença da rainha. Um frêmito percorreu as entranhas delas enquanto rumavam para os aposentos reais. Apenas a escurinha viu sua emoção turvada por um leve receio de que, tomada pela inveja, a rainha pudesse mandá-las decapitar no mesmo instante.

– Mas o que deu em vocês duas...? – disse a rainha, boquiaberta, assim que botou os olhos em ambas.

Uma palidez de múmia cobriu o rosto das duas criadas.

– Foi uma maldita estrangeira...! – disse a escurinha, arregalando os olhos.

– Sim, majestosa rainha! – disse a clarinha, com as lágrimas a lhe pingarem do nariz adunco. – Ela nos obrigou a abandonar nosso maravilhoso penteado fenício!

– Mas está simplesmente divino! – disse a rainha, aproximando-se das duas, absolutamente encantada com o que via.

Um sorriso de alívio inundou as faces delas ao constatarem a indisfarçada admiração da sua senhora.

– Que perfume divino é este? – disse a rainha, enterrando seu elegante nariz na cabeça da clarinha.

Um estupor de prazer coloriu as faces da garota quando, com verdadeiras mãos de amante, a soberana fez deslizar os fios negros por entre seus dedos recobertos de anéis.

– Onde está essa divina artista? – perguntou a soberana, ávida de curiosidade.

– Não sabemos – disse laconicamente a outra, crispada de inveja daquela intimidade quase lúbrica entre as duas.

– Pois tratem já de encontrá-la! – ordenou a soberana, com tal autoridade que as duas imediatamente saíram à caça de Ísis.

Não demoraram muito a encontrá-la, afinal, pois a deusa acompanhara todos os passos da entrevista, ainda sob a forma da pequena ave, na borda da grande janela.

– A rainha quer falar com você – disse a outra, já arrependida de ter travado amizade com aquela intrusa que ameaçava transformar-se numa maldita usurpadora.

"Tonta, mesmo!", dizia ela para si mesma. "Logo, logo, serão três nos meus aposentos!"

Ísis rumou seus passos em direção ao palácio, sendo finalmente apresentada à rainha de Biblo.

Depois de uma longa conversa – na qual Ísis tratou cuidadosamente de esconder a sua natureza divina –, foi ela admitida como serva do palácio, ficando encarregada do toucador da rainha, além de cuidar do pequeno herdeiro do palácio. Enquanto de dia cumpria suas tarefas junto à rainha, à noite ficava inteiramente livre para rumar silenciosamente os seus passos até o majestoso pilar postado no centro do salão, onde, em oculta reverência, permanecia a voejar em torno dele, transformada numa pequena andorinha, até quase o alvorecer do novo dia.

IV – O FIM DA BUSCA

Já era alta madrugada. Apesar da noite adiantada, ainda estava incomumente quente no interior do palácio majestoso dos reis de Biblo. O amplo salão central – como, de resto, quase todos os demais aposentos – estava iluminado apenas pela luz prateada da lua cheia, que penetrava generosamente através de uma dúzia de grandes aberturas espalhadas em toda a sua extensão.

Atraída por um ruído diferente daquele produzido pela miríade de grilos que infestavam os jardins – e que, de certo modo, já havia se incorporado ao próprio silêncio –, surgiu numa das extremidades do salão principal a efígie de uma jovem criada de pele escura, a vagar como um frágil espectro de ébano.

Acostumada a percorrer os corredores do palácio durante a noite sem qualquer permissão dos seus amos, podia-se dizer que esta era, ao mesmo tempo, a sua mais temível e deliciosa ousadia, à qual se entregava sempre com o coração aos pulos.

"Por que insisto nesta loucura?", perguntava-se ela, todas as vezes em que, no meio da noite, era acometida por aquela vontade irrefreável de introduzir um pouco de aventura em sua vida – a qual, em seu estado servil, só podia surgir sob o signo de uma transgressão. Nunca, na verdade, provara algo tão deliciosamente temível quanto esses mágicos passeios noturnos, nos quais experimentava todo o sabor belo e horrível destas três sílabas mágicas: infringir!

Mas, e se um criado a surpreendesse nestas imprudentes incursões? E se terminasse mesmo violada, num recanto qualquer do palácio? Não era, então, o vagar seminua, altas horas da noite, um convite irrecusável à desforra libidinosa de um daqueles brutos, obrigados a suportar o dia inteiro a mais ultrajante de todas as ignomínias: a de ter de servir?

Então, inesperadamente, como que num súbito e febril desafio, ela desfez o nó que prendia sua túnica a um dos ombros, fazendo com que ela escorresse até o chão, expondo totalmente o seu corpinho desmilinguido aos olhos sinistros do azar.

"Pronto, aí está!", pensou ela, a quem pensar só fazia redobrar as imprudências.

Mas como a delícia de tudo era oscilar loucamente entre a audácia e o temor, ela recomeçou a avançar lentamente, com as mãos espalmadas a cobrirem as suas vergonhas, ao mesmo tempo em que se ocultava por detrás de qualquer anteparo, como uma coluna, biombo, ou mesmo um enorme vaso, como fazia agora.

Agachada por detrás de uma imensa samambaia, seus olhos, de pupilas negras envoltas por uma esclerótica alva como um halo, percorreram palmo a palmo todos os quadrantes do magnífico salão, até finalmente identificarem a causa daquele ruído enigmaticamente farfalhante: uma pequena andorinha – certamente extraviada – a circundar repetidas vezes o magnífico pilar esverdeado. Havia algo, contudo, de muito misterioso naquela pequena ave, que fez com que a criada não se oferecesse, abertamente, às suas vistas – sensação aumentada pelo efeito da luz prateada da lua, que dava à cena uma feição quase sobrenatural.

De repente, porém, a avezinha, talvez cansada de seu embriagante ritual, decidiu ir pousar sobre o mármore polido do chão. A criada afastou cuidadosamente com as mãos um dos ramos da samambaia, observando caída junto à minúscula ave uma veste branca, característica das amas da rainha.

Mas o que verdadeiramente a encheu de assombro foi ver a pequena ave começar subitamente a aumentar de tamanho, abandonando ao mesmo tempo sua antiga forma em troca da de uma belíssima mulher, morena e esguia – e, também como ela, inteiramente nua. Resistindo bravamente à ideia de sair correndo dali, a espiã assistiu em silêncio à misteriosa criatura curvar-se para apanhar a túnica, num gesto infinitamente elegante do seu tronco que, alçando-a ligeiramente nas pontas dos pés, só fez enrijecer-lhe ainda mais os dois gomos simétricos de suas pequenas nádegas.

Num instante, a bela mulher, ainda com a túnica numa das mãos, voltou subitamente o seu corpo na direção do vaso, fazendo com que a criada se visse obrigada a adquirir, por alguns torturantes segundos, a mesma postura estática das diversas estátuas espalhadas por todo o salão.

"É ela, a cabeleireira do Egito!", pensou, enquanto a observava vestir outra vez a sua túnica plissada. "Então é uma feiticeira!", acrescentou, ainda, saboreando a ventura de estar de posse desse extraordinário segredo.

Logo a deusa desapareceu por uma saída do salão, deixando a espiã entregue a seus pensamentos. Abandonando, em seguida, o seu esconderijo, ela pousou desafiadoramente as mãos nos ossos saltados da sua cintura famélica.

– Agora você está em minhas mãos – disse ela, baixinho.

◆ ◆ ◆

Ísis, a exemplo de sua companheira de expedições noturnas, também não sabia direito por que razão fazia todas as noites sua obsessiva peregrinação até a sala do pilar. A única coisa que sabia, com certeza, era que uma poderosa força emanava daquele tronco de acácia e que, de alguma maneira, ele lhe traria de volta – ou, ao menos, lhe daria uma indicação precisa de onde estava – o seu amado Osíris, arrebatado pela conspiração nefasta de seu irmão pérfido e ambicioso.

– Bom dia, rainha – disse Ísis, ao adentrar-lhe os aposentos, de manhã cedo.

– Como está, minha florzinha de lótus? – respondeu a soberana, tão feliz com a nova criada, que a cumulava de adjetivos carinhosos. – Hoje vai me fazer um daqueles penteados soberbos que aprendeu em sua terra, não é mesmo?

A rainha disse isso enquanto outras criadas completavam sua toalete, esfregando em sua pele trigueira enormes esponjas embebidas em essência de almíscar. Uma delas era a espiã noturna, que observava Ísis, atentamente, com o rabo do olho.

– Será como a rainha desejar – disse Ísis, com um sorriso naturalmente simpático e bem-disposto.

De repente, porém, teve sua atenção despertada pela cabeça da escrava, que estava pelada.

– Menina! O que houve com seus cabelos? – disse a deusa, intrigada.

– Cortei-os, ao que parece – disse a outra, amuada.

– Mas por quê?! Estavam tão lindos!

– É o ideal, nesta época do ano.

A rainha, que até então não havia percebido a extraordinária mudança, voltou-se inteira para a criada.

– Céus, que horror! – disse, pondo as duas mãos espalmadas sobre as maçãs do rosto. – Você está horrorosa, careca e esquálida deste jeito!

Um rubor intenso subiu ao rosto da serva, espalhando--se pela calva.

Embora desgostosa, a rainha esqueceu logo da criatura e dedicou o resto da manhã a embelezar, com o auxílio de Ísis, os seus sedosos cabelos.

– Vamos, traga logo a escova! – disse a rainha à serva, que permanecera na humilhante condição de auxiliar de Ísis. – E já sabe: da próxima vez que decidir fazer uma nova loucura em sua aparência, avise-me antes, para que possa expulsá-la para bem longe das minhas vistas!

Ísis concluiu logo o penteado, obra perfeita que deixou a rainha tão encantada que a encheu de beijos.

A serva negra sentiu outra vez sua calva pelada arder – agora, de inveja.

"Nunca a rainha brindou-me com tal expansão!", pensou ela, ao lembrar-se de que até a outra serva já havia desfrutado, certa feita, desse rompante real.

Pela sua cabeça doentia surgiu logo a suspeita de que a rainha, sujeita já aos furores repentinos de uma afeição proibida – fato de modo algum incomum nas cortes da época –, estivesse prestes a transformar Ísis em algo mais do que uma simples criada.

"Será, em breve, a nova favorita!", pensou a serva, pondo em relevo a palavra que será sempre a expressão máxima da desavença entre os rivais de qualquer afeição. Quem sabe mesmo já estaria a feiticeira a lançar sobre a rainha algumas de suas poções luxuriosas?, cogitou ainda, certa de que a trama estava em pleno curso.

"Puá!", fez ela, mentalmente, forçando uma onda irreprimível de asco. "Já está mais do que na hora de cortar as asas dessa andorinha!"

De repente, porém, sentiu, atônita, que uma mão alisava a sua cabeça.

– Nossa, como está suada! – disse Ísis, enxugando com a própria mão o suor que fazia a cabeça da insuspeitada rival luzir como uma imensa azeitona preta.

Apanhada de surpresa, a criada sentiu crescer dentro de si um misto contraditório de ira e prazer, do qual não estava excluída uma secreta admiração por aquela mulher fascinantemente astuta, que não hesitava em recolher com as próprias mãos a linfa pegajosa segregada pela sua inveja.

Mas nesse instante um choro agudo de criança fez-se ouvir na peça ao lado.

– Oh, é o herdeiro real! – disse Ísis, pedindo licença para ir atender a criança.

Tão logo Ísis deu as costas, a serva também foi imediatamente dispensada, pois a rainha não podia mais suportar a sua presença desde que assumira aquele aspecto absolutamente repulsivo e tão pouco feminino.

◆ ◆ ◆

Ísis estava agachada diante do berço onde repousava, agora mais calmo, o bebê real. Seus olhos luziam de ternura ao observar as pernas rechonchudas do pequeno príncipe, a pedalarem descompassadamente o ar. Elas remetiam à sua lembrança os dias felizes de sua infância com seu irmão e futuro marido Osíris.

Seu olhar desceu outra vez até os olhos castanhos do bebê, que lhe retribuíram a atenção com um brilho feliz, seguido de um sorriso que lhe inflou ainda mais as bochechas tenramente morenas.

– Queridinho! – fez ela, espremendo uma das bochechinhas com os dedos em pinça.

E então teve, subitamente, uma ideia – uma adorável ideia!

Durante o dia, Ísis cumpriu normalmente todas as suas funções – porém, sempre sob a ideia fixa do pequeno plano que engenhara para a noite –, até que o sol finalmente mergulhou outra vez nas profundezas do horizonte.

Então, tomando nos braços o pequeno príncipe, Ísis levou-o até o salão onde costumava ir todas as noites. Depois de ter a certeza de que todos no palácio dormiam, acendeu uma pequena fogueira, próxima ao pilar.

As pequenas labaredas arderam, disputando com os relâmpagos da noite tempestuosa que se armara o privilégio de iluminar a misteriosa cena.

– Nada tema – cochichou ela ao ouvido da criança, ao tomá-la nos braços.

Um novo e fulgurante relâmpago iluminou o salão, não deixando, por alguns curtíssimos instantes, o menor dos seus recantos entregue ao anonimato das sombras – nem mesmo a figura delgada de uma serva oculta por detrás de um reposteiro. A deusa, no entanto, por ter os olhos postos na criança, que mantinha erguida nos braços, em muda adoração, não deu pela intrusa.

"Feiticeira maldita!", pensou a escrava, ao ver Ísis depor a criança, logo em seguida, como que numa macabra oferenda, sobre a pira improvisada.

Durante alguns segundos, a serva pensou em começar a gritar, a fim de acordar até os cupins do palácio. Mas e se a bruxa resolvesse sumir numa coluna de fumaça – pensou depois, mais ajuizadamente –, deixando-a nua e a gritar feito doida pelo salão, com o herdeiro do trono logo ao lado a arder na fogueira? Sim, porque agora todos a tinham como doida assumida: a doida cabeça de falo, como já a havia apelidado o improviso veloz da língua dos corredores; a doida assadeira de bebês, como certamente a chamariam depois; a doida pelada, tão logo descobrissem seu mais delicioso segredo; ou, ainda, a doida sem cabeça, quando estivesse finalmente com o pescoço sob a mira do machado de dois gumes.

Entretanto, enquanto todas essas possibilidades medonhas desfilavam em sua mente, ela foi se dando conta, aos poucos, de que a criança não emitira um único pio desde que fora arremessada às chamas. "Como podia ser?", pensou ela, até que se tornou impossível escutar qualquer outra coisa que não fosse o estrondo cavo dos trovões, que ribombavam sob a cúpula côncava imensamente alta do salão.

E então, nesse exato instante, a chuva começou – uma chuva furiosa, que aquela mesma cúpula abaulada fazia escorrer até desaguar nas arcadas externas do palácio em cordas d'água retilíneas como uma cortina de pingentes.

Sem poder mover-se do seu improvisado refúgio, a criada viu-se obrigada a receber pelas costas nuas verdadeiros cântaros de água que as chicotadas do vento atiravam para dentro pelas janelas. Sua pele negra, encharcada e sem mais um único fio de cabelo a recobri-la, estava inteiramente eriçada pelo frio e pelo medo, dando-lhe a sensação mais forte que seus sentidos já haviam provado desde o começo das suas loucas expedições noturnas.

Durante todo o tempo que durou o terrível temporal, a escrava observou a criança permanecer envolta pelas chamas, dentro da pequena pira, enquanto Ísis, parecendo tomada por uma espécie de transe, resmungava algumas palavras ininteligíveis.

Mas tão logo o temporal cessou, a forasteira recolheu das labaredas a criança – inteiramente incólume! – e desapareceu do salão, deixando a serva a tiritar sozinha sobre uma grande poça d'água.

"E se a rainha, de qualquer maneira, visse isto com seus próprio olhos?", pensou ela, certa de que, à primeira visão do filho a arder numa fogueira, a rainha tomaria a imediata decisão de expulsar Ísis do palácio.

E assim tratou de fazer, logo na manhã seguinte. Depois de Ísis haver feito o penteado da rainha, a serva pediu licença para fazer-lhe uma grave advertência.

– Uma "grave advertência"...? – disse a soberana, sem voltar os olhos para a serva. – O que está dizendo?

– É sobre a forasteira – respondeu a serva, baixando um pouco a voz.

– O que há com ela? – disse a rainha, distraidamente.

– A egípcia faz coisas com seu filho! – disse a serva, arriscando tudo.

– Como é que é?! – disse a rainha, pondo-se em pé.

A serva deu dois passos instintivos para trás.

– Melhor será que vossa majestade veja, à noite, a verdade de minhas palavras, pois tudo quanto vos diga agora soará apenas como o produto de um pérfido intuito.

– Que negócio é esse de "intuito", estrupício? Desde quando sofre de "intuitos"? – esbravejou a rainha, tomada de ojeriza pela careca lustrosa da serva, que se remexia sobre o crânio em movimentos espasmódicos.

De cabeça baixa, a serva a tudo suportava, resmungando ao fim:

– À noite vossa majestade verá confirmadas minhas palavras.

– Fora daqui! Ah! Ah! Ah! – disse a rainha, num riso nervoso quase histérico.

Entretanto, viu-se obrigada a admitir que podia, de fato, haver algum fundamento nas palavras da serva, e por isto, durante o restante do dia, desfrutou da amarga companhia da mais negra suspeita.

◆ ◆ ◆

A chegada da noite trouxe também a serva de volta. Com a cabeça enfaixada num vistoso lenço vermelho enfeitado de narcisos azuis, a serva caiu de joelhos diante de sua rainha.

– Majestade, permita que lhe prove a veracidade de minhas suspeitas – disse, com reverente humildade.

– Diga logo o que tem a dizer – disse a rainha, impaciente.

– Por favor, acompanhe-me – disse a serva, erguendo-se, porém mantendo sempre os olhos baixos.

A criada foi adiante, seguida pelos passos da rainha.

– Permita antes que lhe tire as sandálias – disse a serva, obsequiosa. – Devemos ser discretas, em nome da salvação do pequeno herdeiro.

Seus dedos magros desataram com infinito deleite e vagar as tiras da sandália, que subiam pelas canelas da rainha com a mesma graça e desenvoltura com que os ramos das trepadeiras se entrelaçam numa coluna dourada.

Pé ante pé, as duas aproximaram-se do salão, onde, com efeito, encontraram Ísis, a qual já tinha o pequeno herdeiro em seus braços. O clarão da pequena fogueira improvisada iluminava ambos, e foi com os olhos tomados pelo espanto que a rainha observou aquela cena.

– O que ela está fazendo? – cochichou a rainha ao ouvido da serva, ao mesmo tempo em que pousava a mão sobre o seu ombro ossudo.

Ao sentir sobre a pele o toque cálido da mão daquela mulher a serva quase sentiu-se desfalecer. Voltando para ela o seu rosto ossudo, ousou pousar os lábios sobre a cova cálida da orelha real.

– Fale baixo, por favor, majestade; a feiticeira poderá nos escutar.

– F-f-feiticeira? – exclamou, baixinho, a rainha.

A serva assentiu com um movimento decidido de sua cabeça.

E então Ísis finalmente depôs a criança, como fizera na noite anterior, sobre as línguas amareladas e estorcidas das chamas.

Nesse instante, a rainha, sem poder mais conter-se, lançou-se como uma leoa na direção de Ísis, no afã desesperado de salvar o filho.

– Sua megera! – bradou eriçando as unhas escarlates.

– Demônia maldita! – berrava a serva, secundando os gritos da rainha.

Ísis, assustada, retirou imediatamente a criança das brasas.

– Como ousou levantar a mão contra o meu filho, maldita? – dizia a rainha, já com o bebê aninhado nos braços, o qual, com os bracinhos espichados, queria a toda força voltar para a diversão colorida do fogo.

Sem outro meio de defesa, só restou a Ísis valer-se do recurso supremo da verdade.

– Poderosa rainha – disse Ísis, alçando dignamente a fronte. – Assim como minhas palavras são respeitosas diante de sua soberania terrena, bom seria que as suas fossem reverentes diante de minha natureza divina.

– O que está dizendo...? – balbuciou a outra, confusa.

Mas nenhuma resposta mais era necessária, já que o semblante altivo da deusa revelava por si só que a mísera rainha de Biblo – bem como o pó do pó que era a sua insignificante serva – estava diante da mais poderosa das deusas.

– Sou Ísis, e aqui estou em busca de meu amado Osíris – disse a deusa. Depois, olhou para o pequenino e disse, entristecida: – Bem pouco ditosa foi você, rainha de Biblo, ao quebrar para sempre o encantamento que daria a vida eterna ao seu filho.

Frustrada pela notícia, a rainha esteve alguns instantes, ainda, abraçada ao pequeno príncipe, o qual não parecia nem um pouco incomodado com a perda da imortalidade.

E então, nesse mesmo instante, como em resposta à revelação da verdadeira identidade de Ísis, uma pequena rachadura ziguezagueante começou a descer do alto do pilar esmeraldino postado ao centro do majestoso salão.

Ísis e a rainha correram imediatamente para o tronco, que parecia prestes a partir-se em dois – o que, de fato, aconteceu logo em seguida, revelando no seu interior o ataúde onde se encontrava o corpo de Osíris. Num ímpeto, a deusa abraçou-se ao ataúde repleto de enfeites místicos, certa de que ali dentro estava o corpo incorruptível do seu saudoso marido.

– Vamos abri-lo! – disse ela à rainha, que, apesar de um pouco atemorizada, concordou em ajudá-la.

As duas, auxiliadas pela serva – a qual, maravilhada diante daquele desnudamento miraculoso, também sentia um desejo louco de ver seu corpo romper-se, a fim de revelar ao mundo a sua alma inteiramente desnuda –, tiveram um pouco de trabalho para remover a tampa lacrada, mas depois de alguns esforços finalmente o conseguiram, de tal sorte que Ísis pôde finalmente rever a face de Osíris.

– Oh, meu amado esposo! – disse ela, unindo seu rosto ao dele, que, apesar de um pouco descorado, ainda estava perfeitamente íntegro. – Como pôde o pérfido Seth fazer isto com você?

Suas mãos alisavam o rosto do deus morto, como se pudessem comunicar a ele um pouco da sua própria vida.

Mas aos poucos foi se convencendo de que para isso seria preciso o auxílio de alguém mais – de alguém que ficara para trás, e que entendia mais do que ela dos assuntos atinentes à morte e à vida eterna.

– Anúbis...! – disse ela, com o rosto subitamente iluminado.

Voltando-se abruptamente para a rainha, Ísis chegou mesmo a esquecer-se da sua natureza divina ao pedir quase implorando:

– Por favor, rainha, permita que leve comigo o corpo de meu esposo!

A rainha, constrangida com um pedido que deveria ser uma ordem, imediatamente deu-lhe tal autorização.

– Que minha vontade possa valer de algo para que Osíris ingresse na vida eterna é tudo quanto posso esperar nesta vida, deusa sublime! – disse a rainha, mandando que se aprestasse naquele mesmo instante um sólido barco para conduzir o corpo do deus de volta, e em perfeita segurança, até a sua pátria.

E assim se fez. Tão logo os primeiros raios do sol brotaram das mansões da escuridão, Ísis já estava embarcada, junto com o divino ataúde, para fazer sua viagem de volta ao Egito. Ali esperava reencontrar seus amigos – em especial, um certo deus com rosto de cão, mestre na arte de conduzir a alma dos mortos para as moradas subterrâneas.

◆ ◆ ◆

Ísis cumpriu novo trajeto pelas águas sagradas do Nilo, agora em sentido inverso, levando consigo a arca que continha o corpo de Osíris. Para ela, foi uma viagem muito diferente da primeira, podendo considerar-se agora quase feliz, embora trouxesse consigo apenas o corpo sem vida de seu esposo.

– Farei com que seu corpo seja regiamente embalsamado e receba as devidas honras fúnebres, meu amado! – dizia ela, a todo instante, enquanto conduzia, de alma leve, a sua embarcação.

Antes, porém, de desembarcar em sua terra, Ísis sentiu-se tomada pelo receio. Seu coração podia sentir a presença de Seth, na pessoa de seus espiões, e pela própria emanação maléfica do seu espírito negro, que se irradiava por toda a parte.

Depois de hesitar muito, a deusa decidiu deixar o corpo de Osíris escondido nos pântanos de Buto. Mal sabia a infeliz que teria, muito em breve, motivos de sobra para maldizer o instante em que chegara a essa decisão.

– Aqui você estará em segurança, meu amor, até que eu possa retornar, trazendo Anúbis comigo – disse ela, irrefletidamente, após esconder o sarcófago por entre os caniços da região pantanosa.

Rumando sua embarcação para o local onde estavam os dois deuses, Ísis foi encontrá-los à margem, como se, estranhamente, já estivessem a esperá-la.

– Meus queridos! – disse a deusa, encostando a canoa na margem. – Como adivinharam que eu estava para chegar?

– Não poderia ser diferente – disse Thot, sorridente. – Cada dia, desde a sua partida, era para nós o dia do seu retorno.

Thot e Anúbis disputavam entre si o privilégio de receber o primeiro abraço da deusa, mas esta abraçou-os ao mesmo tempo, impedindo que o reencontro tão esperado degenerasse em nova disputa.

– Como estão, queridos amigos? – disse a deusa, emocionada.

– E então, conseguiu encontrar Osíris? – disse Thot, agoniado de curiosidade.

– Sim, onde está ele? – ajuntou Anúbis, de olhos arregalados.

– Calma, calma – respondeu a deusa, espalmando as mãos. – Ele está escondido num local próximo daqui. Vi-me forçada a isso, pois avistei muitos espiões de Seth pelo caminho. Se algum deles me visse descer o curso do rio a carregar uma arca enorme como a que eu trazia, bem podem imaginar a que conclusão chegariam.

Então a deusa voltou-se inteiramente para o deus das faces de cão:

– Anúbis, preciso que você proceda aos ritos de embalsamamento de meu marido para que ele possa renascer na eternidade e, mais que isso, gerar-me um filho.

– C-como? – disse o deus, sentindo um rubor cobrir o seu rosto.

– Sim, preciso de um herdeiro – disse a deusa, revelando a decisão que tomara durante a viagem de regresso. – Ele retomará a coroa que pertenceu a Osíris, vingando, ao mesmo tempo, a sua morte.

– Está bem – disse Anúbis, que, embora acostumado a lidar com a morte, jamais havia pensado que um dia chegaria a ajudar alguém a copular com um morto. – Vamos juntos, então, deusa, até o local onde está escondido o corpo!

– Ei, esperem aí! – exclamou Thot, possuído de inveja. – Eu vou junto!

– Oh! E você se chama Anúbis, por acaso? – disse o outro, com desdém.

– Basta, basta! – disse a deusa, com ar de enfado. – Vamos todos os três, e ninguém mais briga, está bem?

Concertado o plano, Ísis e seus companheiros estiveram ainda a noite inteira a confraternizar, aproveitando a deusa a ocasião para contar em detalhes todos os episódios da sua solitária expedição. Entretanto, não o teria feito com tanta calma se soubesse o que estava prestes a ocorrer no local do esconderijo do ataúde divino.

◆ ◆ ◆

Um porco negro: tal foi o espião que acabou por levar Seth até o corpo de seu irmão assassinado, pois desde o estabelecimento da tirania do deus vermelho que toda espécie de criaturas sinistras estavam a seu dedicado serviço.

Seth, na verdade, estava caçando pelos pântanos, próximo do local onde Ísis escondera o corpo de Osíris, e não fora por outra razão que esta sentira tão fortes sinais da presença do opositor maléfico.

– Por todos os poderes das trevas, porco infeliz, que se estiver mentindo o meterei atravessado, ainda esta noite, num belo espeto de pau! – disse Seth ao animal, enquanto o seguia avidamente.

O porco, entendendo perfeitamente as palavras de seu amo, grunhiu com mais força, acelerando o passo veloz de suas quatro patas de cascos fendidos.

Depois de atravessar um trecho quase inexpugnável do pântano, Seth viu-se, finalmente, diante do sarcófago, que ninguém melhor do que ele conhecia.

– Maldito, então você voltou para me infernizar! – disse o deus vermelho, sentindo sua face ainda mais rubra.

Tomado, então, por um acesso de ira, Seth abriu a tampa do ataúde, reconhecendo imediatamente nas feições do cadáver as do seu irmão assassinado.

Empunhando sua espada, começou a cortar o corpo do deus morto em diversos pedaços, até perfazerem quatorze.

– Muito bem, aí está o deus bonzinho feito em bocados! – disse Seth, em triunfo.

Mas, ainda não satisfeito com seu ato de selvagem profanação, decidiu espalhar os pedaços do corpo pelas regiões mais inóspitas do Egito, de modo a tornar quase impossível a alguém recompor novamente o corpo do deus morto.

– Muito bem, querida irmãzinha – disse Seth, regozijando-se –, quero vê-la agora remontar o pequeninho, pedaço por pedaço!

Depois de ter levado a cabo a sua pérfida obra, Seth abandonou o local, levando consigo os pedaços de Osíris, a fim de dar cumprimento ao seu plano, de tal sorte que quando Ísis chegou lá, juntamente com seus amigos, encontrou apenas o ataúde revirado de borco sobre o chão.

– Oh, não! – gritou Ísis, levando as mãos ao rosto. – Como pude ser tão imprudente!

Os gritos desesperados da deusa cortaram os ares, sendo perfeitamente captados pelos ouvidos afiados dos espiões de Seth, que correram imediatamente à presença do vilão para lhe relatar a intensidade dos mesmos.

– Oh, sim, gritos agoniados...? – disse Seth, encantado, a cada um dos mensageiros. – E seria, porventura, capaz de repeti-los com perfeição?

Cada um dos espiões empregou todo o seu esforço vocal para reproduzir a intensidade dos gritos da deusa, mas lhes faltando o tom do verdadeiro sentimento – sem o qual qualquer interpretação não passará jamais de uma grotesca contrafação –, terminavam por fracassar lamentavelmente.

– Não, não, está muito fraco; tenho a certeza de que eram gritos muito mais lancinantes – dizia o deus a cada um dos péssimos imitadores, ordenando em seguida que fossem entregues aos mais cruéis suplícios, bem diante dos seus olhos.

– Magnífico! Exatamente isto! Tais deviam ser os gritos! – dizia ele, deliciado, até que a voz de cada um dos imitadores sumisse em suas gargantas, num último e agonizante gorgolejo. Ao mesmo tempo, substituía o débil ruído por uma risada sinistramente perversa, que ecoava, espraiando-se por todo o Egito, até perder-se nos confins do deserto.

Atraída pelos gritos de Seth, sua esposa, Néftis, que desconhecia todos os crimes do marido, acabou por descobrir finalmente toda a pérfida trama.

– Agora basta! – disse ela, abandonando no mesmo dia o palácio onde, sem saber, vivera como indigna usurpadora.

◆ ◆ ◆

Ísis sabia que teria de recomeçar novamente a sua peregrinação – infinitamente mais longa e incerta – para poder reencontrar todos os pedaços de seu amado esposo. Felizmente ela tinha a virtude de jamais perguntar a si mesma, antes de trilhar um caminho que sabia ser imprescindível percorrer, se poderia vencê-lo ou não. Antes que suas lágrimas começassem a secar ela já estava de pé outra vez, a procurar avidamente com os olhos a sua canoa de junco.

– Creio, deusa majestosa, que ela esteja quase arruinada – disse Thot, estudando as fendas na embarcação.

– E esta viagem vai exigir bem mais que uma frágil embarcação – completou Anúbis.

– Então façamos uma nova – disse Ísis, procurando já o material –, em vez de ficarmos nos lamentando.

E foi bom que se detivessem ali mais alguns dias, pois foi o tempo suficiente para que Néftis, irmã da deusa, a alcançasse.

– Néftis...! – exclamou Ísis, ao vê-la surgir de repente. – O que faz por aqui?

– Descobri todas as trapaças que meu pérfido esposo tramou para destruir Osíris e você, cara irmã! – disse ela, com os olhos nos quais erravam um misto de raiva e vergonha. – Quero redimir-me, de alguma maneira, ajudando-a a encontrar o corpo de seu infeliz esposo, que é também meu adorado irmão.

Ísis, sabendo que negar o pedido da irmã seria devolvê-la aos braços cruéis do seu marido, decidiu acolhê-la em seu grupo.

– Está bem, querida – disse ela, dando um beijo terno na irmã. – Você sabe que, apesar de tudo, sempre lhe quis bem.

V – O NASCIMENTO DE HÓRUS

Auxiliada pelos deuses Thot e Anúbis, e ainda pela esposa do maléfico Seth, Ísis deu início à sua penosa – e, até certo ponto, extravagante – expedição para encontrar os quatorze pedaços perdidos de Osíris. Depois de navegarem por alguns dias, retomaram o percurso por terra.

– Espero que seu faro esteja afiado – disse Thot ao deus das faces de cão.

Thot havia assumido outra vez a aparência da grande ave esbranquiçada que o caracterizava, erguendo voo e misturando-se às nuvens sempre que, em terra, as coisas pareciam difíceis.

Sempre desviando dos sentinelas de Seth – que pareciam haver diminuído a sua vigilância, certos de que Ísis havia desistido de ressuscitar o seu marido –, os peregrinos prosseguiram a sua viagem, por água e por terra, numa busca exaustiva e intensa que consumiu alguns anos. Em momento algum, entretanto, a esposa de Osíris mostrou-se disposta a renunciar ao seu objetivo.

– Tenha paciência, Anúbis – dizia, a cada fracasso do deus em encontrar algum novo indício do esposo dela.

– Diz bem, cara Ísis – falou Thot, assumindo um ar sentencioso. – A paciência é o combustível da persistência.

Um dia, entretanto, Anúbis alcançou finalmente o seu primeiro triunfo.

– Vejam! – disse ele aos companheiros. – É a mão de Osíris, reconheço-a perfeitamente!

Ísis correu até o local onde Anúbis apontara – uma pequena gruta, oculta nuns rochedos – e teve a confirmação que esperava.

– É sim, é dele, é dele...! – gritou a deusa, tomada pelo júbilo, acariciando ao rosto aquela mão gelada, mas perfeitamente íntegra.

– Deixe eu ver! – disse Néftis, secundada por Thot, que meteu o seu longo bico entre os ombros dos demais para poder enxergar o pedaço do deus.

A deusa guardou cuidadosamente a mão de Osíris na urna que levara consigo – a qual um dia (pelo menos assim esperava) viria a conter o corpo inteiro de seu amado esposo – e erigiu, no mesmo local, um monumento em sua homenagem.

– Faltam, agora, somente os outros pedaços! – disse Ísis, entusiasmada com o primeiro triunfo.

Assim prosseguiram os quatro em sua jornada, procurando sempre esquivar-se ao contato humano, embora, é claro, nem sempre o pudessem fazer. Nesses raros encontros, Thot, como bom sábio, distraía-se da busca observando as pessoas e seus costumes.

– Máquinas de viver...! – disse ele, certo dia, a Anúbis, enquanto as duas deusas também trocavam, um pouco mais atrás, algumas ideias.

– O que disse? – falou Anúbis, virando o focinho em sua direção.

– Todas estas pessoas, com seus hábitos mesquinhamente cotidianos e avessas a qualquer reflexão... não lhe parecem, exatamente, máquinas de viver?

– Bem, pode ser que elas prefiram simplesmente viver em vez de pensar – disse Anúbis, também pensativo.

– "Simplesmente viver" é o que fazem os insetos, senhor faro-fino – retrucou o deus-íbis, que em momento algum abria mão do seu sagrado direito de raciocinar. – E, se observarmos bem, veremos que até os bichos não abrem mão de pensar.

– Bem percebo...! – disse Anúbis, agitando alegremente a sua cauda, e lançando um olhar de ironia para a grande ave pernalta, viciada em meditar.

– Veja só: todos os animais, mesmo os mais primitivos, usam até o último grão de pensamento que a natureza lhes deu – ajuntou Thot, sem dar pela ironia. – Se não pensam mais é porque não são capazes de tal. Imagine, por exemplo, um leão dotado de um cérebro igual ao nosso, do que não seria capaz...!

– Seria, por certo, um leão bem covarde e estúpido – disse Anúbis.

– ... no entanto, com que facilidade o mais nobre e inteligente de todos os seres abre mão de sua maior faculdade! – continuou a dizer Thot, ignorando a ironia. – E pensar que pessoas há que vivem unicamente de uma pequena coleçãozinha de hábitos mentais, sem fazer o menor uso do raciocínio...!

Anúbis, porém, mais preocupado em concluir a sua missão, seguiu adiante no seu caminho. E fez bem, pois logo seu faro apurado identificou o cheiro do deus morto.

– Sinto seu cheiro outra vez! – disse ele, pondo-se sobre as duas patas e alçando o focinho úmido no ar.

Ísis e Néftis correram para junto de Anúbis, que, no entanto, disparara abruptamente na direção de uma pequena colina. Ali ele encontrou um dos pés do deus desmembrado.

– Oh, bendito Anúbis! – exclamou Ísis, apoderando-se do divino membro.

Anúbis não cabia em si, e foi com prazer que recebeu um novo beijo da deusa.

– Magnífico! – disse Thot, a rilhar de raiva seu longo bico escuro. – Neste ritmo ainda teremos de reverenciar doze vezes o nosso bendito cheira-cheira!

Depois de erigir novo monumento fúnebre, Ísis e sua trupe partiram outra vez, numa longa jornada que se estendeu sempre no rumo do sul, passando pelo deserto e entrando pelas águas do Nilo, na qual foram recolhendo um a um os pedaços de Osíris. O penúltimo pedaço, que era a cabeça do deus, eles encontraram em Abidos, o que encheu de júbilo a alma de todos.

– Oh, amado! Finalmente posso rever o seu belo rosto! – disse a deusa, tomando nas mãos a cabeça, que mantinha um ar sereno, apesar de todos os vilipêndios.

Entretanto, ficou faltando o último pedaço do deus (e aqui não temos motivo algum para esconder que se tratava do seu órgão gerador), que os viajantes não conseguiram encontrar de jeito nenhum. Por mais que Anúbis vasculhasse tudo por onde passava, não pôde encontrar sinal algum de sua presença.

– Será que algum animal... o engoliu? – disse Thot, baixinho, ao deus-cão.

– Mas logo isto...? – disse ele, com uma careta de desagrado.

Os dois silenciaram ao perceber a aproximação das duas deusas. Ísis, naturalmente, parecia a mais preocupada.

"Se não encontrar o seu falo sagrado, querido Osíris, como poderei conceber nosso filho?", disse ela, pedindo a intercessão do esposo.

Depois de novas e infrutíferas buscas, Ísis foi brindada pela desagradável descoberta – que Osíris lhe mandou sob a forma de um sonho – de que o último pedaço fora engolido, tal como temiam Thot e Anúbis, por um caranguejo, logo após ter sido lançado às águas do Nilo.

– Oh, não...! – exclamou ela, ao despertar.

O desejo de conceber parecia definitivamente sepultado, pois sem aquela parte essencial do corpo de Osíris, ela jamais poderia ter o filho tão desejado.

◆ ◆ ◆

Regressando a Abidos, Ísis e seus companheiros decidiram, ainda assim, dar uma sepultura definitiva ao deus morto, única forma de fazer com que sua alma pudesse finalmente ingressar na eternidade. Dentro do santuário, Anúbis retomou sua forma humana, embora permanecesse com sua face característica de cão. Seu aspecto tornou-se solene, e não tinha mais traço algum de suas pequenas leviandades animais.

Enquanto o deus embalsamador procedia à sua arte – graças à qual o corpo do deus estaria perfeitamente preservado dos efeitos da decomposição –, Ísis, tomando a forma de um gavião, começou a voejar ao redor do corpo, tal como fizera anteriormente, sob a forma de andorinha, no palácio de Biblo.

Thot e Néftis observavam a cena, tornando tudo ainda mais solene com a repetição das palavras mágicas que Anúbis pronunciava enquanto juntava os pedaços dispersos do corpo divino, envolvendo-os em seguida numa bandagem, de tal sorte que, em breve, estava Osíris completamente mumificado. Depois disto ainda foram inscritas fórmulas mágicas sobre as bandagens e dispostos alguns amuletos sobre o corpo do deus, completando-se, destarte, a obra de magia divina.

E foi então que um milagre aconteceu: no meio das pernas do deus foi surgindo, como por mágica, o pedaço essencial que faltava, enchendo a todos de espanto..

– Mas... é de madeira! – disse Néftis, tocando respeitosamente o membro.

– Que fosse de papiro! – disse Thot, aliviado. – De qualquer modo, é um sinal claro de que Osíris não só deseja como já pode conceber um filho!

Ísis continuou a rodar em torno do corpo do esposo, num voo graciosamente sensual, até que, completado o processo de mumificação, Osíris finalmente sacudiu levemente suas pálpebras.

Ísis-gavião despediu um grito de felicidade e foi pousar sobre a virilha do deus. Por alguns breves instantes, todos puderam ver as pálpebras de Osíris agitarem-se e depois erguerem-se lentamente, como quem desperta de um longo sono.

– Osíris vive outra vez...! – disse Néftis, extasiada.

Apesar da alegria geral, ninguém – à exceção de Ísis, que tanto desejara vivenciar esse momento – deixou de sentir um calafrio ao ver a expressão facial daquele ser que tinha o sinistro privilégio de atravessar pela segunda vez (ainda que em sentido inverso) o grande e escuro portal da Morte. Seus olhos arregalados pareciam querer comunicar algo de indescritivelmente misterioso, mas que ninguém estava apto a compreender, pois ninguém jamais vira o que os olhos de Osíris haviam contemplado durante o seu longo sono mortal.

Osíris reviveu alguns breves momentos para provar outra vez do melhor da vida, unindo-se amorosamente à deusa-gavião a fim de gerar o filho que um dia deveria retomar o cetro usurpado pelo tirânico Seth. Mas isso foi tudo quanto pôde realizar em seu curto regresso, pois tão logo Ísis ergueu-se de sobre o seu corpo, seus olhos fecharam-se para sempre para este mundo. Seu *ka*, finalmente liberto, ingressou definitivamente na eternidade, onde assumiu, desde então, suas funções de senhor supremo do reino dos mortos.

No mesmo dia, o deus foi fechado pela última vez em sua tumba e sepultado, conforme os ritos egípcios. Sua esposa, triste por um lado, mas satisfeita por outro, abandonou a cidade, junto com seus amigos, o mais rápido possível.

– Osíris agora está em segurança – disse a deusa –, e nem mesmo Seth pode fazer-lhe mal algum, uma vez que ele não pertence mais a este mundo.

– A partir de agora os olhos vermelhos do usurpador estarão voltados inteiramente para você, querida irmã – disse Néftis, pousando o braço em seu ombro –, e principalmente para o valioso ser que habita, a partir de agora, o seu ventre.

– Por isto devemos partir imediatamente – atalhou Thot, com a concordância imediata de Anúbis que, metamorfoseado novamente no vistoso cão negro, já sentia no ar o velho odor do perigo.

– Mas para onde iremos? – disse Néftis.

– Para Quemmis – disse Thot, que já havia pensado longamente sobre o assunto.

– O "Pântano do Rei das Abelhas"? – disse Ísis, reconhecendo logo o nome.

– Exatamente – respondeu o deus-íbis.

– Conheço o lugar – disse a deusa. – Fica próximo de Buto, a nordeste do delta, e será, de fato, um ótimo esconderijo.

Depois de outra longa jornada, o pequeno grupo estava próximo a Quemmis quando Ísis acordou sentindo as primeiras dores do parto.

– Néftis! Néftis! – exclamou ela, chamando a irmã.

Não foi preciso chamar uma terceira vez, pois logo tanto Néftis quanto os dois deuses estavam a seu lado.

– Calma, vai dar tudo certo – disse sua irmã.

Embora fosse noite, Rá, a fim de auxiliar o trabalho do parto, e também para homenagear o maravilhoso evento que se anunciava, decidiu apressar o curso de sua barca, tingindo o céu noturno com seus primeiros e mais escolhidos raios.

Ajudada por sua irmã e também pelos dois deuses, Ísis deu à luz um lindo menino, cercada por uma natureza em festa.

– Ele se chamará Hórus...! – disse ela, assim que pôs os olhos sobre o curioso rosto do garoto, que apresentava as mesmas feições de um filhotinho de gavião.

– Hórus! Hórus! Hórus! – bradaram Néftis, Thot e Anúbis, a uma só voz.

Durante todo o dia estiveram os amigos a confraternizar a chegada do quinto elemento do grupo, aquele que estava destinado a restabelecer um dia a paz e a justiça em todo o Egito.

Infelizmente, porém, a ameaça negra também pairava sobre aquele lugar. Apesar de estarem quase no seu local de destino, o focinho hipersensível de Anúbis continuava a sentir um odor nefasto no ar.

– Sinto uma catinga de serpente, que o vento traz do norte – disse o deus, depois de colocar-se sobre as duas patas, alçando ao máximo o seu corpo.

– Não admira – disse Thot, num tom de desdém. – Estamos num bosque repleto delas.

– Não, este é um cheiro diferente – disse Anúbis, intrigado. – Há algo de muito pior misturado a ele.

O chorinho fino do pequeno Hórus rompeu o silêncio da noite, que já caíra outra vez, tornando ainda maiores as apreensões de todos.

◆ ◆ ◆

Já há algum tempo que Seth, vivendo na corte que usurpara, estava inquieto. Apesar de ter se tornado senhor inconteste de todas as províncias do Egito, o irmão infame de Ísis sentia que não poderia jamais governar com tranquilidade sem ter a certeza de que Ísis e o filho que ela esperava estavam mortos.

– Indícios, indícios...! – berrava ele, todo final de dia, ao receber os relatórios pífios de seus milhares de espiões espalhados por toda a corte. – Não quero mais saber de seus malditos "indícios"!

Depois de mandar executar sumariamente o inepto espião que lhe trouxera o último indício, para servir de exemplo aos demais, Seth resolvera tomar ele próprio uma providência. Após encerrar-se em seus aposentos – iluminado apenas por uma frágil lamparina –, o perverso deus entrou numa espécie de transe maléfico, que o fez revirar os olhos e começar a agitar-se até sua sombra começar a estreitar-se extraordinariamente, a ponto de tornar-se fina como a de uma grande cascavel. Em seguida, a serpente negra e vaporosa destacou-se de seu corpo e rumou até a janela, escorregando pelas paredes exteriores do palácio até ganhar rapidamente o deserto.

A serpente negra, conduzida por seu faro penetrante, partiu na direção de onde estavam Ísis e seus companheiros.

– Vou alcançá-los antes que cheguem ao local maldito, pois lá não posso ingressar – disse Seth, sibilando.

Embrenhando-se nos mesmos pântanos que Ísis e seus amigos haviam trilhado anteriormente, e dotado de uma língua hípersensível, Seth-serpente podia sentir com ela, no ar denso dos brejos, o rastro de sua vítima. Durante dias rastejou por entre as plantas e árvores, mergulhando nas águas infectas e ressurgindo à tona com as escamas negras e recobertas de limo, até sentir que a presença da deusa estava cada vez mais próxima.

– Já sinto seu perfume nojento! – sibilava ele, com a comprida língua a vibrar freneticamente no ar, como um finíssimo chicote fendido.

Então, naquela mesma noite em que Anúbis, cada vez mais inquieto, colhia com seu focinho vibrátil todos os aromas esparsos no ar, discutindo com Thot e Ísis – que se afastara momentaneamente do filho para colher as impressões dos amigos –, Seth chegou às proximidades da gruta onde Hórus ressonava.

Ao avistar o berço improvisado, Seth arregalou de horror as suas pupilas negras e horizontais:

– A prostituta conseguiu, então, ter um filho daquele maldito! – disse, sem entender direito como ela havia operado o prodígio.

Ao mesmo tempo, um brilho de gozo maléfico acendeu-se em seu rosto:

– Pouco importa! Não está aqui ele, então, à minha inteira mercê?

Arrastando-se rápida e silenciosamente, como uma autêntica sombra que era – apesar de ter adquirido agora uma consistência misteriosamente palpável –, chegou até o pé rechonchudo do menino-deus e descobriu sua grande presa amarelada, afiada como um punhal, para desferir o golpe mortal.

Entretanto, viu-se desagradavelmente surpreendido quando o menino – pois Hórus, extraordinariamente precoce, já era nesse tempo um pequeno garoto – ergueu-se de repente e, com um pulo, não só conseguiu escapar ao bote, mas ainda desferiu uma violenta pisada sobre a cabeça do réptil que, se tivesse sido desferida por um pé adulto, a teria certamente esmagado.

Com um silvo angustiante de dor, a serpente, tornada sombra completa outra vez, retirou-se rapidamente da gruta enquanto o garoto gritava de alegria, sapateando feito um pequeno alucinado.

– Hórus, amado! – gritou Ísis no mesmo instante, lembrando-se da mulher que tivera o filho morto pelo escorpião.

Num arremesso de desespero, a deusa lançou-se até a gruta, onde foi encontrar seu amado Hórus a sapatear de alegria – afinal, ele acabara de sagrar-se vencedor do primeiro dos muitos embates que ainda teria de travar contra o seu tio usurpador.

Logo em seguida, Anúbis entrou na gruta, completamente transtornado.

– Maldito Seth! – disse ele, deitando uma baba raivosa pela boca. – Quase liquidei com ele, Ísis poderosa!

O cão divino narrou, então, com palavras entrecortadas pelo ódio, que cruzara com Seth a alguns metros da gruta. Depois de uma rude troca de palavras, ele conseguira dar-lhe uma dentada violenta na cauda, antes que o réptil conseguisse evadir-se, graças às suas escamas escorregadias.

Anúbis repetiu ainda muitas vezes a sua versão, mas Thot nunca lhe deu o menor crédito, pois duvidava muito de que ele fosse capaz de enfrentar, num combate singular, o grande vilão. Entretanto, sua desconfiança, por sua vez, não trazia, nem de longe, o selo da confiabilidade, pois tão logo terminara de escutar a versão do rival, afirmara também haver travado um duelo de morte com a terrível serpente.

– Se não fosse o meu pelo espesso, rainha entre as deusas, não estaria aqui para contar-lhe os lances de meu dramático embate! – disse ele, insistindo em afirmar que fora alvo de diversos botes das presas assassinas de Seth.

Ísis, contudo, inteiramente alheia às bazófias dos dois ajudantes, estava unicamente preocupada em retirar Hórus daquele lugar, tornado para sempre inseguro.

– Vamos embora daqui – disse ela, começando a juntar as suas coisas.

Na mesma hora, todos partiram no rumo de Quemmis, que Thot conseguiu localizar depois de uma jornada não menos árida e espinhosa. Ali Ísis pôde criar com segurança seu filho amado e ensinar-lhe as artes da magia e da defesa pessoal.

E como a partir desse instante cabe a Hórus assumir o papel de protagonista do drama divino, encerra-se também aqui a crônica das aventuras de Ísis.

O TRIBUNAL DOS DEUSES

Hórus, filho de Ísis e Osíris (os principais deuses do antigo Egito, depois do supremo Rá), viera ao mundo com o propósito de retomar o cetro que seu tirânico tio Seth havia usurpado a Osíris, depois de tê-lo morto numa cilada.

A natureza divina de Hórus esteve associada, desde o seu nascimento, à do gavião, pois sua mãe o concebera metamorfoseada nessa destemida ave, e não era por outro motivo que o deus era representado como tendo a sua cabeça penugenta.

Criado às escondidas nos pântanos de Quemmis, Hórus foi, desde cedo, um menino frágil, perseguido por doenças e pelo ataque contínuo de serpentes e escorpiões (possivelmente instigados pela malícia de seu pérfido tio), chegando a quase morrer de uma picada de um desses aracnídeos, da qual foi salvo graças aos conhecimentos secretos de Thot, o mais sábio dos deuses.

Apesar de todos esses percalços, Hórus, ainda assim, vingou plenamente. Graças ao alimento que hauriu da deusa-vaca Hathor – divindade benfazeja das mais veneradas em todo o Egito – e aos desvelos de sua mãe, Hórus pôde vencer todos os desafios e tornar-se um forte e sadio jovem de dezoito anos, condição na qual o encontramos agora, a conversar com Ísis, ainda em seu esconderijo nos pântanos de Quemmis.

– O que diz, minha mãe? – disse Hórus, com o semblante alterado pela felicidade. – Terei, então, finalmente, a ventura de conhecer meu pai Osíris?

Ísis, a bela deusa morena, tinha um sorriso não menos satisfeito no rosto.

– Sim, meu adorado filho, ele deverá surgir-lhe em breve para lhe ensinar coisas muito importantes – disse ela, alisando com a mão o rosto de Hórus. – Seu pérfido tio continua a nos procurar avidamente e não tardará a nos descobrir.

– Por que não posso enfrentá-lo já? – disse o jovem, com o arroubo característico dos seus poucos anos.

– Por que isso, querido, seria a sua ruína – respondeu Ísis, um pouco frustrada por perceber o quanto seu filho ainda era inexperiente. – Antes disso você precisará reunir nossas forças dispersas e aprender muitas coisas com seu pai.

– Que tipo de coisas, minha mãe?

– Antes de mais nada, terá de aprender a lutar. Lutar em todos os sentidos, física e espiritualmente, pois seu tio é cheio de poder. Somente assim terá alguma chance de derrotá-lo, tornando-se o legítimo soberano de todos os egípcios.

Ísis ergueu-se e resolveu deixar Hórus sozinho, para que meditasse sobre suas palavras e, principalmente, sobre o seu destino.

Os dias passaram-se em ansiosa expectativa, e Hórus finalmente teve a oportunidade de saciar a sua curiosidade quando, certa manhã, ao sair da caverna que lhe servia ao mesmo tempo de moradia e esconderijo, defrontou-se com seu pai, Osíris. Ao enxergá-lo, o jovem reconheceu logo, pelo brilho fulgurante dos seus olhos, o selo da divindade.

– Não se assuste, meu filho – disse Osíris, com um sorriso bondoso. – Sou seu pai e aqui estou para dar cumprimento às palavras de sua mãe.

– Então... é você! – disse Hórus, emocionado.

Depois de se abraçarem longamente, Osíris disse, com o semblante grave:

– Vamos, meu filho, não podemos perder mais tempo.

Osíris conduziu o filho até um local descampado, onde havia espaço de sobra para que ambos pudessem exercitar-se nas artes da guerra.

– Este será o seu carro de combate – disse o deus, mostrando ao filho uma carruagem pequena, espécie de biga resplandecente recoberta por signos mágicos e puxada por dois cavalos cobertos por mantos dourados e arreios prateados.

– É magnífico! – disse Hórus, extasiado.

Seu ímpeto juvenil fez com que se arremessasse em direção ao carro, sendo, entretanto, contido pelas mãos fortes do pai.

– Hã-hã! Ainda é cedo, meu jovem! – disse ele, com firmeza. – Antes de experimentá-lo deverá aprender a manejar suas armas a pé.

Hórus, que de fato já estava com uma enorme lança na mão, prestes a experimentar sua pontaria do alto de seu carro em movimento, teve de contentar-se em admirar de longe a biga com sua vigorosa parelha de cavalos.

Osíris deu início, então, ao seu longo curso, ensinando ao filho o manejo de todas as armas, desde a adaga curta até a espada de longo fio, passando pelo arco e flecha e pelo machado de dois gumes.

Mestre exigente, Osíris não chegou a furtar-se em infligir ao filho alguns dolorosos golpes, pois bem sabia que a dor era o quinhão inevitável de toda luta e que nem sempre Hórus seria capaz de aparar todos os golpes do adversário.

– Ei, isto doeu...! – disse o jovem, ao receber sobre o ombro uma violenta cutilada, que lhe tolheu momentaneamente o movimento do braço direito. – Está exagerando na violência! Como poderei lutar, agora, com apenas um braço?

– Meu filho...! – disse Osíris, baixando momentaneamente a espada. – Que resmungos são estes? Imagina, então, que o inimigo irá suspender o ataque por causa de uma simples queixa?

Hórus, inflamado nos brios, avançou então às cegas, disposto a recobrar a todo pano a sua honra. Entretanto, descuidou-se da guarda, recebendo logo novo e poderoso golpe, sobre o outro ombro, que o prostrou definitivamente por terra.

– Outra vez...! – disse Osíris, sem ocultar a sua decepção. – Ainda tem muito a aprender, se é capaz de perder o controle por qualquer provocaçãozinha!

Hórus, no limite da humilhação, sentou-se arquejante sobre o pó.

– Um maricas e um tolo.... Não passo disso, não é? – disse ele, desolado.

– E também de um fraco, se vai ficar aí no pó a lamuriar-se – disse seu pai, com frieza. – Levante-se e voltará a ser apenas um maricas e um tolo.

Osíris queria ensinar o filho, o mais rápido possível, a ser implacável com suas fraquezas, pois sabia que, a despeito de qualquer auxílio que pudesse ter, Hórus dependeria sempre e fundamentalmente de si próprio para sobreviver neste mundo.

– Uma dor não se compartilha... – disse ele, misturando de novo a sua voz ao retinir metálico dos golpes de espada. – A dor que você sentirá será somente sua... somente sua pele se romperá... e será somente o seu sangue que brotará... no momento do golpe! – concluiu, abrindo um talho no antebraço esquerdo de Hórus, não letal, mas profundo o bastante para fazer verter o seu sangue.

– Eis aí, meu filho, o que os poetas chamam em suas baladas heroicas de "sumo rubro das batalhas"! – disse Osíris, num riso franco.

– Aos 42 demônios com os poetas! – disse Hórus, referindo-se aos demônios que estão postados nos infernos, à espera do julgamento dos mortos. Na verdade, sua alma parecia sangrar muito mais do que o ferimento superficial, pois trazia os olhos repletos de lágrimas. – Como pode rir, vendo brotar o sangue do seu próprio filho? – disse ele, observando os fios de sangue que lhe escorriam até o pulso.

Osíris, percebendo que Hórus estava tomando-se de piedade por si próprio – um sentimento que ele devia sobrestar a qualquer custo! –, lançou longe a espada e aproximou o rosto do filho, a ponto de fazer misturarem-se os seus hálitos.

– Não diga mais uma palavra! – disse ele, num tom inesperadamente ríspido. – Meu filho com pena de si próprio! Foi para presenciar uma tal indignidade que retornei, então, a este mundo?

Os olhos de Hórus fugiram ao olhar penetrante do pai, voltando-se angustiadamente em outra direção.

– Procurando a mamãe? – esbravejou Osíris, tomando nas mãos a cabeça do filho. – Imagina, então, que ela virá correndo para defendê-lo num campo de batalha?

Hórus, que parecia agora muito mais chocado com a reprimenda paterna do que com o seu ferimento, ainda tentou retrucar:

– M-mas... meu pai...!

– Silêncio, já disse – retornou Osíris, que parecia disposto a lhe dar uma surra de verdade caso ele não desse um sinal inequívoco de haver expulsado de sua alma aquele sentimento abjeto. Entretanto, afrouxou os músculos ao ver nos olhos de Hórus que ele principiava a compreender o papel ridículo que começara a fazer.

– Sim, você tem razão – disse o jovem, afinal, baixando a guarda. – Continuo um tolo...!

– E um fraco, outra vez – disse Osíris, moderando um pouco o tom da sua voz. – Meu filho, é muito fácil, toda vez que erramos, nos sentarmos no chão e começarmos a repassar um por um os nossos defeitos, como se isso bastasse para nos redimir deles. De agora em diante, você dirá simplesmente: "Tenho sido um tolo e um maricas, mas deixarei de sê-lo, agora que já sei o quanto o tenho sido!".

– Está bem, meu pai – disse Hórus, lançando fora, no mesmo instante, e para sempre, a sua capa de coitadinho. – Vamos continuar o treino?

Desta feita, porém, foi a vez de Osíris baixar a guarda.

– Podemos descansar um pouco – disse ele, dando uma olhada no ferimento de Hórus, que ainda sangrava levemente.

– Ora, isto não é nada! – disse o jovem, enxugando o sangue no saiote escarlate e empunhando com firmeza, outra vez, a sua espada.

– Um simples ferimento pode levá-lo à morte, se não souber avaliá-lo corretamente – disse o pai, com suavidade. – A arrogância, meu filho, nunca foi uma boa substituta para a autoindulgência. Alterne sempre a coragem e o bom senso e terá boas chances de sair-se bem em qualquer embate.

Depois, olhando para o céu toldado de estrelas, declarou encerrado o dia.

– Vá comer e dormir – disse ele, dando um tapinha no ombro magoado do filho.

No dia seguinte, ambos recomeçaram o árduo treinamento.

◆ ◆ ◆

Durou ainda cerca de seis meses o treinamento de Hórus. Durante esse longo tempo, Ísis manteve-se afastada, a pedido de Osíris, para que o jovem se habituasse a não depender exclusivamente de suas doces palavras.

– Ele terá de aprender a agir por conta própria – dissera Osíris, antes de iniciar suas lições.

– Eu compreendo – dissera Ísis, não sem alguma dificuldade.

Mas seu coração de mãe falara mais alto, e, apesar de em momento algum ter interferido nos assuntos dos dois, acompanhara escondida a cada momento do treinamento, sempre com o coração opresso.

Um dia, entretanto, Osíris declarou o filho apto a exercer não só os seus deveres de homem, mas também os de deus, pois seus ensinamentos não haviam se limitado a meros exercícios viris, incluindo igualmente ensinamentos mágicos e esotéricos.

– Um dia você será não somente rei dos egípcios, mas também uma divindade adorada em todos os recantos civilizados do mundo – dissera seu pai, com uma nota indisfarçada de orgulho. – Existem mistérios ocultos ao vulgo, aos quais você deverá iniciar-se o quanto antes, pois deles dependem a manutenção da estabilidade e da harmonia do mundo visível e invisível.

Logo depois, Thot, o deus-íbis, foi encarregado de uma importantíssima missão junto a Enéade, a corte suprema dos deuses capitaneados por Rá.

– Um concílio entre os deuses será nossa última esperança de vermos minha questão sucessória resolver-se pacificamente – dissera Osíris ao sábio deus, embora, a exemplo dos demais, não levasse muita fé nesse recurso.

– Seu irmão Seth é um espírito empedernido e tudo isso redundará apenas numa lamentável perda de tempo, meu pai! – disse Hórus, intrometendo-se na conversa.

– Existem regras estabelecidas pelos deuses para a solução de conflitos, meu filho, e que nós, que nos pretendemos espíritos justos, precisamos esgotar antes de lançarmos mão do último e doloroso recurso: a força – disse Osíris, com gravidade. – Caso as ignoremos estaremos também nos alistando entre os indignos.

Hórus curvou reverentemente a cabeça e deixou que as coisas seguissem o seu curso natural, embora não tivesse a menor esperança de sucesso.

Aceita a ideia pelo divino conselho, reuniram-se, então, os nove deuses que compunham a sagrada Enéade – Rá, o deus supremo, seguido de seus filhos Chu (encarregado de presidir a assembleia) e Tefnut, os netos Geb e Nut, e os bisnetos Osíris, Ísis e Néftis, além dos dois contendores, Seth e Hórus –, para tentarem chegar a um acordo sobre a disputa que opunha o deus rubro a seu sobrinho.

Junto a esses também estavam os deuses menores do panteão egípcio, vindos das partes mais remotas de todo o país. Dentre eles, destacavam-se Cnum, o deus-carneiro, originário da distante ilha de Elefantina; Ptá, deus mumificado e senhor dos artesãos, cuja característica principal eram suas duas proeminentes orelhas, que o faziam receptivo às súplicas humanas; Hathor, a deusa dos seios opulentos, que tinha o dom de transformar-se em Sakhmet, a terrível deusa destruidora, cujo semblante irado de leoa atemorizava mesmo os seus pares divinos; e também Bes, o deus-anão encarregado de velar o sono dos mortais e de afastar os répteis e os maus espíritos.

– Estamos aqui reunidos, deuses e deusas, para decidir a quem cabe, de direito, o cetro do Egito – disse Chu, inaugurando solenemente o divino concílio.

Sentados ao redor de uma grande mesa circular estavam os deuses. Todos pareciam pouco à vontade, porém, mais que qualquer um, o deus vermelho, que fora obrigado a comparecer sob pena de perder imediatamente o direito ao trono que pertencera a Osíris.

– Quero declarar, antes de mais nada – disse Seth, erguendo-se abruptamente –, que não reconheço validade alguma nesta assembleia, uma vez que ela pretende pôr em discussão um assunto que é, desde muito, um fato consumado. O Egito já tem o seu rei e se regozija inteiramente com ele.

– Gostaria de lembrar que esta assembleia não delibera sobre a viabilidade ou não da pauta – disse Chu, com um olhar de censura. – Ela já está posta, e cabe a nós discutirmos apenas os seus termos.

Um murmúrio aprovativo percorreu a mesa, quebrado apenas pelo rosnar quase indistinto de Seth, cuja cabeça de chacal parecia mais adunca do que nunca.

Depois de vencidos os preâmbulos maçantes, foi dada a palavra, por sorteio, a Hórus, para que expusesse as suas razões. Num discurso inflamado pelo sentimento da justiça, Hórus exigiu que Seth, na condição de usurpador, devolvesse o cetro a ele, uma vez que, sendo filho do rei morto, era o legítimo sucessor da coroa egípcia.

– O termo "usurpador" é uma ofensa e uma ignomínia que não vou suportar vindo dessa ave de rapina, como sempre sequiosa em pilhar algo que não lhe pertence! – bradou Seth, erguendo-se do seu lugar e disposto a atracar-se com seu sobrinho.

Um breve tumulto ergueu-se no concílio, dominado graças à autoridade de Chu.

– A palavra agora é sua, filho de Geb – disse o deus, olhando para Seth.

Seth, que trouxera de casa um discurso preparado, estendeu-se num longo arrazoado, repleto de sutilezas e sofismas jurídicos, de tal sorte que pôde levar o convencimento a mais de um dos juízes. O próprio Rá mostrou-se favorável, em seu voto, às razões expendidas por Seth, e depois de encadear um longo discurso, terminou concluindo-o com as seguintes palavras:

– Creio que Hórus é jovem demais para assumir o trono do Egito e que faríamos melhor mantendo nele o seu tio, ao menos por enquanto, sob a condição de regente.

Seth, que deliciara-se com o voto do deus supremo, viu, entretanto, tudo desmoronar-se com aquela última e desagradável expressão.

– Regente?! – exclamou, estupefato. – Por que o rei efetivo e legítimo deveria assumir, de uma hora para a outra, a subalterna condição de rei interino? Serei, então, um mero guarda do trono, até que este bastardo, filho de uma rameira necrófila, resolva assumi-lo na hora em que bem entender? Nunca! Sendo rei legítimo, devo permanecer vitalício, e quem disser outra coisa está completamente demente!

Ao mesmo tempo, Hórus e sua mãe ergueram-se dos seus assentos como que impelidos por uma mola.

– Cale-se, cão infernal! – exclamou Ísis, que perdia as estribeiras sempre que via seu filho ameaçado em seu direito.

Depois, voltando-se para Rá, dirigiu-lhe estas duras palavras:

– Bem vejo, deus supremo, que a sua idade avançada não lhe permite mais entender direito o que diz, e nem mesmo o que escuta, pois de outro modo jamais ratificaria as vilanias vomitadas por esse cruel assassino!

A ficção jurídica e o transcurso do tempo são dois grandes ilusionistas e, juntos, provocam um efeito psicológico interessante sobre a mente dos acusados que, desde o início, se sabem culpados. Foi assim que, embora Seth soubesse ser exatamente aquilo que a ira de sua irmã anunciara, pôde, ainda assim, graças ao embotamento natural de sua consciência (operado pelo longo lapso temporal decorrido desde o cometimento do crime) e ao manto da inocência presumida que a Justiça lançara sobre os seus ombros, sentir-se profunda e sinceramente ofendido pela acusação.

– Maldita caluniadora! – esbravejou ele.

Novo tumulto ergueu-se, então, no parlamento divino, sendo acalmado graças à intercessão de Thot, que também estava presente à assembleia.

Rá supremo, entretanto, ofendera-se poderosamente com aquilo que considerara uma desfeita aos seus argumentos e, movido por um repente senil, retirara-se abruptamente da assembleia.

– Continua o mesmo turrão! – disse Ísis ao filho, assim que viu o velho retirar-se aos trambolhões do recinto. – Eu sabia que ele faria algo para nos prejudicar, pois é a mim que visa ofender retirando-lhe o voto.

– Por que faz isso? – disse Hórus, sem nada entender.

– É uma velha história – disse Ísis, aspirando maquinalmente o odor de uma de suas madeixas. – Desde que o obriguei, por um estratagema não muito pio, a me revelar o seu nome secreto, ele não foi capaz de me perdoar.

Suspensa a assembleia, os deuses também se dispersaram, sabedores de que as birras prodigiosas de Rá custavam muito a ceder.

Entretanto, havia uma deusa determinada a trazê-lo imediatamente de volta.

– Fique tranquila, Ísis querida – disse Hathor, a deusa-vaca que amamentara Hórus no berço. – Farei com que o velho reassuma logo o seu posto!

Um sorriso deliciado errava em seus grandes olhos bovinos quando, levando à frente os seus úberes fartos, como dois prodigiosos batedores, dirigiu-se para o brilhante palácio de Rá.

◆ ◆ ◆

Hathor era tida em todo o Egito como a deusa do amor e da alegria, podendo ser considerada, a grosso modo, como uma espécie de Vênus egípcia. Apesar de ser filha de Rá, não estava o velho deus, entretanto, a salvo de sofrer o fascínio dos seus belos encantos, pois entre os egípcios não constituía motivo de escândalo o incesto divino (como, de resto, na maioria dos povos da Antiguidade), sendo considerado antes um meio natural – e até necessário – para a preservação da estirpe sagrada.

Tal a necessidade, tal o costume. É assim, por exemplo, que Osíris, num mundo ainda avaro de mulheres, seduz sua irmã Ísis e casa-se com ela, e que Zeus, no mito grego, na falta de outra divindade, vê-se obrigado a requestar sua própria irmã Hera. Também os filhos de Adão, segundo a renitente mitologia pregada em nossos púlpitos, também se viram em palpos de aranha para povoar o mundo que a imprudência de seus pais havia corrompido. E assim poderíamos colher uma infinidade de casos semelhantes nas mitologias das mais diversas partes do mundo, sem precisarmos pensar muito para isto.

Hathor, então, tendo chamado a si a tarefa de reconduzir Rá à assembleia divina – sem cuja presença ela não poderia, de modo algum, prosseguir –, resolveu procurá-lo em seu palácio. Pé ante pé, ela subiu os degraus ainda escaldantes do calor do dia, embora o sol misteriosamente não brilhasse mais naquele instante, tornando a cena imersa numa quase total escuridão.

"Deve estar mesmo furioso!', pensou ela, avançando às apalpadelas até vislumbrar, a poucos passos de si, o deus, sentado em seu majestoso trono.

A explicação da escuridão estava ali, bem diante dos seus olhos: uma nuvem negra toldava o disco solar que, normalmente, fulgurava sobre a cabeça do deus, tornando sombrios os seus domínios. Ainda assim, após fixar bem os seus olhos, Hathor pôde vislumbrar o traçado severo das feições de Rá.

"Mau sinal!", pensou outra vez.

Ainda aborrecido com aquilo que julgava uma desfeita ignóbil da assembleia, Rá resmungava sozinho, mortalmente ofendido:

– Que desfeita...! O senhor supremo do universo, depois de velho, miseravelmente desfeiteado! E logo por quem...! Sim, por Ísis – sempre aquela deusa atrevida e voluntariosa! Demônia, mesmo! Depois que se apossou do meu nome secreto, perdeu todo o respeito! – acrescentou, lembrando-se pela milionésima vez do episódio humilhante, no qual fora obrigado a revelar à mãe de Hórus o seu segredo mais importante.

Na tela esgarçada da sua mente, a cena do tribunal foi repassada mais uma vez. Buscando avidamente, desde o começo, algum insulto despercebido, ele revia todos os fatos desfilarem à sua frente num atropelo quase cômico. Os deuses chegavam, movendo-se numa rapidez vertiginosa, e iam ocupar seus lugares num piscar de olhos, até soar a primeira voz, num engrolar ininteligível.

Rá ajeitou-se melhor no seu trono, dando três pigarros e duas fungadinhas curtas – espécie de manivela mental destinada a acender a faísca de sua memória, destroçada pelos anos –, antes de desacelerar os fatos e poder reescutar as palavras, pesando-as uma a uma na balança hipersensível do seu amor-próprio ferido.

Todos os que haviam discursado antes, foram obrigados a repetir suas falas, até que Rá viu a si mesmo erguer-se novamente para pronunciar o seu veredicto. Num espasmo involuntário, o deus rebolou outra vez sobre o assento macio, reduplicando a sua atenção.

– Rum-rum-rum... ssf, ssf!

Sim, fora um discurso perfeito. Quanto a isto não havia a menor dúvida, e somente a mais pérfida malícia poderia encontrar nele qualquer defeito. A elegância do estilo, a finura da empostação, a consistência dos argumentos – não, estava tudo perfeito, de tal sorte que ele repassou a cena várias vezes, concluindo sempre ao final do discurso:

– O que eu digo é o certo!

Depois, reescutou a terrível resposta de Seth, que desencadeara a bagunça. E lá estava! O vilão insinuara, claramente, ao final da sua mixórdia, que Rá estava "completamente demente". Em seguida, aquela mulher pérfida praticamente fizera coro com ele, ao afirmar, em outras palavras, que Rá estava irremediavelmente caduco, incapaz de entender as palavras que saíam da sua própria boca!

Enquanto o deus cozinhava a sua ira, remexendo obsessivamente (e não sem um certo prazer mortificante) as injúrias no panelão enferrujado da sua memória, a deusa dos avantajados peitos avançava mais e mais. Envolta apenas num manto negro e vaporoso como a brisa da noite – que a aragem colava ao seu corpo, pondo em relevo as suas mamas colossais e também o restante das suas formas esguias (pois apesar do busto imenso, Hathor tinha um corpo inesperada e deliciosamente esbelto) –, a deusa parou a alguns metros do velho deus, esperando que este finalmente detectasse a sua presença. Mas ele, alheio a tudo, permanecia imerso em seus pensamentos:

– Rum-rum-rum... ssf, ssf!

Mas como tudo cansa neste mundo, Rá enjoou também de flagelar-se, e já preparava para erguer-se quando viu a divina Hathor postada bem à sua frente.

– É você, Hathor? – disse ele, reconhecendo-a graças ao seu atributo característico.

– Sim, poderoso Rá – disse a deusa, alçando a fronte e, consequentemente, o busto, o que fez quase romper-se a fina malha que o envolvia. – Estou aqui, soberano, para demovê-lo de sua intempestiva decisão de retirar-se da assembleia divina.

– Uma assembleia de ímpios, eis o que é!

– Oh, não diga isto, grande Rá!

– Digo, sim! O que eu digo é o certo!

– Bem sei, ó divino condutor da barca! Mas creia-me: ninguém teve a intenção real de vê-lo afrontado...

– Humilhado! Miseravelmente humilhado!

– Jamais, Rá supremo! Nenhum ser sobre a terra ou sobre os céus, mesmo que quisesse, teria jamais o poder de humilhar o ser supremo!

– Hmpf!

– Isso seria o maior dos contrassensos! Mas mesmo que alguém tivesse tentado cometer tal abominação, já estaria, a esta altura, completamente arrependido.

– Hmpf!

– Veja – disse Hathor, mergulhando a mão sob o decote e retirando de suas profundezas um pequeno rolo de papiro. – Aqui está uma conclamação, redigida pelo presidente do Tribunal dos deuses e assinada por todos os integrantes daquela augusta assembleia, implorando pelo seu regresso.

A deusa estendeu o papiro até as mãos trêmulas do velho, que o tomou com fingido desagrado, pondo-se, no entanto, a esquadrinhá-lo avidamente para ver se não faltava nenhuma assinatura.

– Chu, Tefnu, Osíris, Hórus, Thot, Anúbis, Bess... onde está a assinatura dos dois caluniadores? – bramiu o deus, procurando os nomes de Seth e Ísis.

– Oh, deixe-me ver – disse a deusa, indo postar-se ao seu lado.

Ao fazê-lo, entretanto, inclinou-se tanto sobre o papiro que fez cavar-se um abismo profundo em seu decote – tão profundo que Rá teria avistado facilmente o umbigo da deusa, caso não o obstasse a massa colossal de suas volumosas tetas.

A deusa fingiu não dar pela coisa, e continuou a deslizar seu dedo pelo papiro amarelado, enquanto Rá pigarreava e fungava alucinadamente.

– Aqui, deus poderoso! – disse Hathor, apontando para os dois nomes.

Sim, lá estavam as assinaturas de Seth e Ísis, com um pedido extra de desculpas.

– Gostou da carta, deus dos deuses? – disse Hathor, com a mais suave das vozes.

Mas Rá, inteiramente esquecido de cartas ou de assinaturas de biltres, permanecia como que hipnotizado pelo abismo fantástico.

– São dois autênticos odres lácteos...! – disse ele, sem poder conter-se mais.

– Perdão? – falou a deusa, subindo o pano vaporoso até o pescoço.

– Como saber, agora, qual o mais belo? – disse o velho, completamente arfante. – O abismo profundo ou o delicado contorno impresso pelo véu?

– Mas... gostou da mensagem? – disse a deusa, fingindo-se ausente.

Rá enrolou outra vez o papiro e devolveu-o à deusa.

– Ao inferno com esta bobagem...!

Hathor apanhou-o com um sorriso satisfeito.

– Vamos, deixe-me vê-los! – disse o deus, apontando para os seios.

"Vitória!", pensou ela, ao saber que tinha a vontade instável do deus bem segura entre os seus seios.

Perfeitamente à vontade, a deusa afrouxou as presilhas dos ombros e deixou que a veste vaporosa lhe escorresse livremente pelo corpo até ir juntar-se, sobre os pés, como um pedaço suavemente amarrotado da noite.

Foi então que, tomado por um inesperado e extravagante acesso de hilaridade, o deus solar começou a rir descontroladamente.

– Ali estão...! Rá! Rá! Rá!

Apesar de a princípio desconcertada, Hathor logo percebeu que o riso do deus não visava ao deboche, sendo antes o produto de uma alegria espontânea e verdadeiramente dionisíaca.

– "Odres lácteos"? – repetiu ela, olhando para os seios libertos com um sorriso quase infantil.

– S-sim!... S-sim!... – respondeu o deus, de maneira entrecortada.

Então, sentindo-se maravilhosamente leve a ponto de quase flutuar, a deusa arremessou para o alto os seus braços, suspendendo ainda mais no espaço os seus peitos inacreditavelmente firmes.

– Magníficos! – disse Rá, entre os arrancos do riso. – Magníficos odres lácteos!

Contagiada pelas gargalhadas do velho, Hathor começou também a rir, num acesso tão incontrolável que lhe fazia vibrar as tetas solidamente suspensas.

O deus, misteriosamente remoçado – pois de outro modo não teria resistido ao esforço tremendo –, ria tão alucinadamente que a nuvem que encobria o disco solar acima de sua cabeça desfez-se inteiramente, como ao final de uma tempestade de verão, fazendo com que um jato intenso de luz banhasse a nudez soberba da deusa.

Exausta de tanto rir, Hathor ofegava, agora, num espasmo agitado que fazia seus odres divinos subirem e descerem num movimento hipnótico e involuntariamente sensual, enquanto um brilho mágico (que era a contrapartida feminina da luz abrasante e viril que a envolvia) emanava de seus grandes olhos cálidos e bovinos.

Rá retornou, com efeito, à assembleia – mas somente na manhã seguinte.

◆ ◆ ◆

Reiniciados os trabalhos da assembleia divina, tiveram estes, porém, curta duração, pois Seth recusou-se terminantemente a permanecer no recinto enquanto Ísis insistisse exclusivamente em injuriá-lo.

– Somente permanecerei à disposição desta corte – disse ele, por meio de uma intransigente moção –, se ela for transferida para a Ilha do Meio, com a proibição expressa do ingresso desta megera em seus limites!

Apesar dos protestos da deusa e de seus aliados, assim se fez, graças ao voto favorável que Rá soberano deu à moção.

No mesmo dia, procedeu-se à transferência, para gáudio do usurpador.

– Imbecil! – esbravejou a deusa, secretamente. – É preciso ser muito idiota para imaginar que eu vá me deter por uma simples proibição!

Imediatamente, a deusa começou a pensar num meio de chegar incógnita à ilha.

– Não se preocupe, meu filho – disse ela a Hórus. – Tão certo como estou aqui agora, estarei amanhã também naquela maldita ilha.

Apesar de tudo, Seth não era tão imbecil quanto podia supor a sua irmã, e por isto orientou o barqueiro que fazia a travessia até a ilha para que se mantivesse atento.

– Se aquela feiticeira maldita colocar os pés lá, você pagará caro, entendeu bem? – disse ele, rosnando na cara do pobre homem, um barqueiro encurvado por décadas de contumaz subalternidade. – Não permita, de modo algum, que nenhuma mulher com menos de 130 anos suba nesta barca!

– A sua vontade é o meu dever – disse o barqueiro, encurvado.

Durante a noite, Ísis compareceu diante do barqueiro – naturalmente, depois que todos os demais já haviam feito a travessia. Sem saber do ardil de Seth, Ísis trazia o corpo envolto apenas num manto espesso, a fim de ocultar a sua identidade.

– Um momento! – disse o barqueiro, que desde a manhã readquirira uma espantosa retilineidade em sua coluna. – Descubra, primeiro, e totalmente, a sua face, antes de adentrar esta barca!

Ísis, pega de surpresa, tentou resmungar uma desculpa qualquer.

– Não posso, estou resfriada...

– Diga-me, então, há quantos anos foi lançada a este mundo.

– Oh, senhor, isto é uma indelicadeza...

– Pouco importa. Somente estão autorizadas a subir nesta barca senhoras de mais de 130 anos de idade.

– Bem, se é por isto, eu tenho 131 anos! – disse Ísis, curvando a espinha, ao mesmo tempo em que tentava forçar, de maneira lamentável, um pigarro inexistente.

– Agora o veremos! – disse o outro, descobrindo atrevidamente o capuz e revelando à luz da lua o rosto encantadoramente jovem da deusa.

Desmascarada de modo miserável pelo bronco dos remos, Ísis não teve outro recurso senão fugir espavorida de volta para terra.

Na manhã seguinte, entretanto, graças às suas artes mágicas, retornou inteiramente outra. Era agora uma pavorosa velha de 150 anos, toda encarquilhada. Envolta num manto tão sujo que até os seus furos cheiravam mal, ela aproximou-se da barca apoiada em dois bastões toscos que ainda traziam pendurados em si restos de galhos e folhas secas.

– Mom bia! – disse ela, mastigando as gengivas escuras.

– Um momento! – disse o barqueiro, parando à frente da pobre velha. – Há quantos anos foi a senhora lançada a este mundo?

A velha hedionda ergueu, num esforço horripilante que doía só de olhar, a sua cabeça quase pelada, sobre a qual se espalhavam alguns maços imundos de fios amarelados e finos como teias de aranha. No meio da maçaroca, uma barata seca desfrutava placidamente do seu último sono.

– He-hein? – disse ela, com os olhinhos aquosos enterrados em duas cavidades remelentas e sem mais um pingo de sangue.

O senhor dos remos teve de repetir pelo menos umas quatorze vezes até a sua pergunta ser finalmente entendida.

– Ah, a ibabe, a ibabe! – ganiu a velha, balançando a cabeça e também uma corda de saliva que lhe pendia sempiterna do queixo.

– Chento e chinquenta! Chento e chinquenta! – ganiu ela, porém, de maneira inconvincente, pois parecia ter duas vezes mais.

– Está bem! – disse o remador, enojado. – O que pretende fazer naquela ilha?

A velha explicou, então, como pôde, que ia levar ao seu pobre filho, morador dos brejos, um pão novinho em folha que fizera para ele. Das dobras de seu manto pútrido ela sacou, então, o tal pão novinho, que ninguém aqui se animará a descrever.

O barqueiro pediu, então, um pagamento. Só que ele era prodigiosamente burro, pois se tivesse um grão de inteligência teria visto logo que sua passageira não passava de uma pobre diaba miserável, e que o único pagamento que ela poderia ofertar seria um naco arrancado àquele pão hediondo. Mais burro ainda, o barqueiro pediu, então, à pobre diaba miserável, uma propina – este requinte dos ricos.

Ísis, contudo, num lance de rara penetração psicológica, ofereceu-lhe no mesmo instante um valiosíssimo anel de ouro que trazia no dedo, que o barqueiro aceitou com uma presteza que nada tem de contraditória, pois, sendo um corrupto escolado, jamais infringia a regra de ouro da confraria, que veda expressamente ao subornado indagar ao agente corruptor acerca da origem dos meios da corrupção.

Inflamado por essa inesperada aquisição, o barqueiro correu até a proa da barca e, de anel dourado entalado no dedo, bradou, como Rá postado à frente de sua dourada barca, esta ordem absurda a algum remador-fantasma atrás de si:

– Eia, braço vil, adiante...!

Mas a galera de cem braços a qual imaginou comandar não se moveu e ele viu-se logo restituído à mesquinha realidade, tendo de mover ele próprio o longo remo para pôr a sua casquinha de noz em movimento.

E assim seguiu a barca, vogando pelas águas mansas do Nilo – pois era época, ainda, das águas baixas, quando o sagrado manancial prepara-se para transbordar, mais adiante, na esperada estação da abundância – até alcançar a outra margem, o que também faremos após transpormos, num ligeiro pulo, o pequeno vau abaixo.

◆ ◆ ◆

Ísis desembarcou na Ilha do Meio e, tão logo se viu longe das vistas do atravessador, assumiu a forma de uma adorável mulher – porém, não ela mesma.

Enquanto isto, mais para o interior da ilha, os deuses confabulavam entre si, preparando-se para a nova reunião, que se daria logo em seguida.

Entretanto, Seth foi avisado por um de seus escorpiões espiões que uma mulher belíssima havia desembarcado, há poucos instantes, na ilha.

– Uma mulher? – exclamou o deus, rilhando os dentes de raiva. – E belíssima?

Certo de que se tratava de Ísis, Seth rumou para o local, disposto a escorraçá-la da ilha a pontapés. Quando esteve diante dela, contudo, foi tomado por uma surpresa nada desagradável.

– Quem é você, bela mulher? – disse o deus, totalmente rendido aos seus encantos. – Diga sem rebuços, pois sou o soberano inconteste de todo o Egito.

– Oh, abençoado seja! – disse ela, pondo-se por terra e erguendo as palmas das mãos. – Somente meu rei poderá me ajudar na cruel aflição em que me debato!

O soberano inconteste de todo o Egito ajudou-a a erguer-se.

– Não há necessidade alguma de humilhar-se – disse ele, completamente apaixonado. – Sua beleza, que também a faz divina, a dispensa de reverências.

Depois de secar-lhe as lágrimas, Seth levou-a até a assembleia e instou para que contasse o seu drama, a fim de mostrar aos demais deuses o quanto ele sabia ser justo e magnânimo na distribuição da justiça.

– Sou viúva de um rico e poderoso pastor – disse ela, diante dos deuses, com um soluço delicioso na voz. – Meu filho sucedeu-o na guarda do rebanho, mas seu tio expulsou-o dos campos e quer agora se assenhorear injustamente de tudo.

– Oh, vilão sem coração! – esbravejou Seth, decidido a dar razão à bela mulher, mesmo que o filho tivesse matado e comido as entranhas do próprio pai.

Ísis sentiu que o patife começara a cair no laço.

– Ajude-me, então, rei poderoso, a livrar meu filho desse carrasco cruel!

– Nada tema – disse Seth, alçando a fronte e percorrendo com o olhar toda a assembleia. – Morto o pai, o rebanho deve pertencer, naturalmente, ao seu filho.

– Mas... e quanto ao usurpador? – disse Ísis, cravando a última estaca.

– Um tal vilão deverá ser imediatamente banido do reino! – gritou Seth, como se já o tivesse diante dos olhos.

Nesse instante, Ísis readquiriu outra vez a sua forma e bradou aos quatro ventos:

– Aí está o vilão a condenar-se a si próprio!

Um alarido desencontrado percorreu toda a assembleia.

– Maldita feiticeira! – bradou Seth, pronto a estrangular a deusa audaciosa.

Porém, depois dessa confissão virtual de culpabilidade, Seth viu-se abandonado em sua posição até pelo próprio Rá.

– Devolva já a coroa ao filho de Osíris! – disse ele, farto de discussões.

Mas Seth, que nunca esteve disposto a renunciar a coisa nenhuma, negou-se peremptoriamente a fazê-lo.

– Nem morto devolverei o que me custou tanto a adquirir!

– Esta augusta assembleia assim o exige! – disse Chu, presidente do concílio.

– Esta augusta assembleia que vá para o augusto inferno! – bradou Seth, abandonando o recinto.

Hórus, que assistira a tudo com um ar complacentemente cético, dirigiu-se, então, a Osíris.

– O que lhe disse anteriormente, meu pai?

– Vamos embora – disse ele, sem responder-lhe. – Temos de retomar nossos treinos.

No mesmo dia, os dois já estavam de volta ao esconderijo, nos pântanos de Quemmis, onde Osíris submeteu o filho a um treinamento ainda mais rigoroso.

E esta foi a origem da longuíssima guerra que opôs Hórus a Seth.

A GUERRA DE SETH E HÓRUS

O uivo dos chacais ainda ecoava sob a noite gélida e estrelada do deserto, num lugar ainda bastante afastado da capital do Egito.

Naturalmente árido, compunha-se esse amplo trecho – um pouco diferente da maior parte do imenso deserto que defrontava a pátria dos egípcios – de um terreno plano, quase que inteiramente livre de dunas (a não ser na sua parte mais setentrional) e juncado pelo cascalho miúdo que se desprendia, graças à ação lenta mas incessante dos séculos, de um imenso paredão rochoso que se estendia por quase todo o trajeto.

Dotado de espaço suficiente para a acomodação e movimentação de tropas imensas – como as que agora estavam ali instaladas num bivaque espantoso de milhares de barracas coloridas, sobre as quais esvoaçava alegremente um número igual de pendões alvirrubros –, era esse o local propício, naqueles dias, para os grandes confrontos bélicos da região. De fato, incontáveis batalhas – sem contar as refregas vulgares dos tempos bárbaros anteriores a Osíris (nas quais bandos de rufiões armados procuravam definir, de maneira truculenta, um vago conceito de supremacia local) – haviam dado de beber, ao deserto, um Nilo inteiro de sangue, como dizia a gíria bélica e superlativa de então.

Excluído o uivo dos chacais e o grito eventual de algum soldado picado por serpente ou escorpião – prenúncio infalível de mais uma baixa antecipada –, podia-se escutar apenas, sob o álgido manto noturno, o ruído dos passos das sentinelas a esmagar continuadamente os pedaços de rocha espalhados por toda a parte.

Entretanto, dentro da barraca principal de comando, já estava em pé, há muito tempo, o líder daquele poderoso exército. Hórus, filho de Osíris – o rei egípcio morto pela perfídia de seu próprio irmão –, preparava-se para expedir a sua ordem do dia a um oficial que já se encontrava postado, também, à sua frente.

– Hoje, fatalmente, travaremos o primeiro combate – disse Hórus, todo paramentado para a guerra. – Seth não permitirá jamais que nos aproximemos em demasia das portas do Egito.

Tudo isso era a mais absoluta verdade, pois no mesmo instante o deus das feições de chacal já partia com suas tropas da capital dos egípcios. O assassino de Osíris sabia que só poderiam acontecer, de agora em diante, duas coisas: ou ele expulsava as tropas de Hórus para bem longe do Egito, ou teria de sofrer, muito em breve, o cerco de um poderoso exército, com todos os horrores que isso sempre implicava. Além do mais, queria manter o pretendente – que ele, invertendo os termos, chamava de "pérfido usurpador" – bem longe do seu povo.

– A escória rezadora não esqueceu ainda daquele choramingas do meu irmão – dizia ele, aos seus generais. – Se permitir que o seu filho bastardo permaneça postado, dia e noite, às portas da cidade, a disseminar livremente a sua cantiga subversiva, em pouco tempo verei o povo voltar-se contra mim.

– Senhor, seu povo o ama – disse o dignitário que o escutava.

– E quem disse que eu quero o amor da ralé? – latiu o deus. – A plebe ignara deve, antes de tudo, aprender a temer-me! Enquanto mantiver afastada de mim a sua pútrida afeição, estarei a salvo, também, das suas torpes traições.

E mesmo agora, com os olhos voltados para a lua e à frente das suas tropas, ele continuava a carregar no peito essa certeza.

– Sim, pois é sempre a traição que decide o rumo dos

impérios! – disse ele, cujo profundo conhecimento de causa o habilitava plenamente a fazer tal afirmação.

Quando a barca solar, surgindo no horizonte, tingiu o céu do deserto com uma primeira e extensa lista amarelada, não havia mais sinal algum das barracas que antes coloriam o acampamento das hostes de Hórus. Completamente a postos, já estavam todas as tropas regiamente dispostas por toda a extensão do terreno, compostas por uma multidão verdadeiramente espantosa de milhares de homens, todos vestidos com saiotes e capuzes listrados com as cores do filho de Osíris. A grande maioria trazia também, afivelados por cima do peito, coletes reforçados de couro, destinados a aparar os golpes das lanças e o impacto das flechas velozes, embora seus pés permanecessem descalços, pois estes, acostumados desde a infância a palmilharem um solo agreste e escaldante, haviam desenvolvido uma verdadeira sola natural, quiçá muito mais resistente que a do couro curtido diariamente nas oficinas egípcias.

À medida que o sol ascendia, seus raios iam pousar sobre as pontas das milhares de lanças erguidas pelas mãos fortes dos soldados, produzindo uma reverberação tão intensa que se diria, ao longe, que um outro astro, rompendo da própria terra, preparava-se para desafiar o velho soberano dos céus.

Esse efeito ofuscante não escapou aos olhos da guarda de Seth que, mesmo de longe, pôde perceber perfeitamente a reverberação dos metais.

– Veja, soberano! – disse seu comandante. – Eles avançam sobre nós!

Um ronco aterrador e quase sobrenatural rompeu por detrás das fileiras dos exércitos do deus vermelho: era um grupo imenso de hipopótamos arregimentados, que, cavalgados por soldados, ameaçavam disparar, avançando sobre tudo e até mesmo sobre o próprio Seth.

– Estúpidos! – bradou Seth, voltando o rosto para trás.

– Contenham os animais!

O baque surdo dos corpos rotundos a trombarem uns contra os outros, bem como o ruído de seus cascos a levantarem grandes massas de pó, denunciavam o esforço tremendo dos condutores para manter em calma aquela prodigiosa manada.

O pelotão dianteiro dos arqueiros recebeu ordem de assestar as flechas sobre os arcos e de marchar nesse mesmo estado de prontidão. Seth, logo atrás, sobressaía-se de pé sobre o seu carro escarlate, puxado por uma parelha de cavalos acinzentados.

Hórus, de fato, havia ordenado a partida dos seus exércitos assim que percebera o avanço, ainda longínquo, das tropas de Seth.

– Que ele não imagine que estaremos aqui a aguardá-lo como cordeiros – dissera o deus, dando ordem para o avanço imediato das tropas.

Assim marcharam os dois exércitos colossais, um na direção do outro, ao mesmo tempo em que Rá supremo fazia sua barca luzente elevar-se numa precipitada carreira até atingir o zênite com surpreendente rapidez, decidido a não prejudicar, com a reverberação matinal de seus raios oblíquos, qualquer um dos contendores.

E então os exércitos viram-se, finalmente, frente a frente.

Hórus, de pé sobre o seu carro flamejante, lançou um olhar de rude desafio ao seu tio, que podia divisar plenamente, postado um pouco atrás dos seus arqueiros.

Mas foi Seth, entretanto, o primeiro a falar – ou antes, a ladrar.

– A que vem você, com esta massa ignóbil de traidores? – disse ele, a espumar pela boca.

– Venho fazer frente a esta desgraçada massa de compatriotas que a ambição de um vira-lata das areias transformou num exército de escravos! – respondeu Hórus, com altivez. –

Ainda darei, entretanto, uma última chance para que deixe de poluir com suas pulgas o sagrado trono do Egito, entregando-o a quem o deve ocupar de direito.

– Cale-se, filho de um capado e de uma rameira-abutre! – disse Seth, com um gesto de enfado. – Às suas palavrinhas presunçosamente feminis oponho, a partir de agora, a voz máscula e aguda das nossas espadas!

Um retinir ensurdecedor, provocado pelo martelar selvagem das espadas sobre os escudos compridos como portas, elevou-se das hostes setianas.

– Que elas cantem agora o seu canto viril de dor e de sangue!

E, sem dar chance para qualquer revide, ordenou a seus arqueiros que se liberassem dos arcos, exaustos de segurarem, com seus nervos de boi espichados, as suas flechas.

Um sibilar assustador preencheu o espaço quando as setas, rigidamente emparelhadas, levantaram voo, indo cair sobre a linha de frente das hostes inimigas.

– Cuidado, comandante! – disse um dos oficiais de Hórus, antes que as setas caíssem sobre ele como uma chuva de ferro.

Empunhando rapidamente o seu escudo, Hórus protegeu-se, debaixo dele, dos arremessos, que lhe caíram sem conta por cima. Muitos soldados, entretanto, não tiveram a mesma sorte, e foram alvejados certeiramente – nos pescoços, nos rostos e nos interstícios dos seus gibões –, indo cair ao chão, varados pelos agudos projéteis.

Um urro de triunfo partiu da soldadesca de Seth.

– Adiante, chusma maldita! – disse o deus vermelho, que até no encorajamento dos seus homens não abria mão de introduzir alguns revigorantes impropérios.

O pequeno espaço que separava as duas massas começou a diminuir impressionantemente quando as hostes de Hórus, inflamadas pela agressão, também resolveram lançar-se num ataque impetuoso, fazendo com que o chão retumbasse com o galope vertiginoso dos cavalos e as pisadas viris de centenas de milhares de pés descalços. Todos, de um lado e de outro, corriam movidos pela mesma euforia, sem se importarem se iam de encontro à morte ou ao triunfo.

De repente, porém, o trovão terreno foi substituído por um baque metálico formidável, assim que as duas massas compactas chocaram-se violentamente.

A quase totalidade dos homens que iam na linha de frente morreu instantaneamente, esmagada pelo prodigioso impacto do arremesso, já que levavam atrás de si uma verdadeira parede humana. Pisando sobre os corpos desses desgraçados, os que vinham logo em seguida arremessaram-se de espadas e lanças em punho, arremetendo às cegas, numa tática que era ataque e defesa ao mesmo tempo.

Os gritos de ira e de dor começaram a preencher o espaço, enquanto o chão poeirento começava a melar-se de uma repugnante mistura de suor e de sangue, pois raro era o soldado que, depois de triunfar de três – ou, no máximo, de quatro – inimigos, não caísse logo em seguida varado por uma flecha ou uma lança certeira.

Seth e Hórus, postados estrategicamente, também combatiam aguerridamente, porém, sempre a salvo do ataque de alguma coluna mais compacta.

O filho de Osíris parecia ter permanentemente aos ouvidos a voz onipresente do pai a repetir-lhe de novo, uma por uma, as suas preciosas instruções, enquanto Seth, surdo a qualquer outra coisa que não à sua própria voz, temperava os seus golpes ferozes com a sua verborragia blasfema.

– Pelo escroto sagrado de Rá! – dizia ele, revirando a ponta de sua lança, como uma comprida verruma de bronze, sobre o rosto de um inimigo caído ao chão.

E assim durou o terrível embate, até que Rá recolheu o

seu disco solar, obrigando os combatentes a retirarem-se para os seus respectivos campos.

◆ ◆ ◆

Seth não perdeu a oportunidade, durante a noite, de fazer cruéis provocações às hostes de Hórus. Depois de recolher os corpos inimigos que jaziam em seu campo, ordenou a seus homens que os mutilassem de maneira vil e cruel.

Já era madrugada quando os sentinelas de Hórus foram alertados pelo que pareciam ser arremessos de projéteis da facção inimiga.

– Selvagens! – bradou um dos comandantes Hórusinos. – Não são capazes, sequer, de respeitar a lei da trégua noturna?

Mas seu discurso foi interrompido quando um dos soldados lhe trouxe um dos "projéteis": a cabeça de um soldado morto, a trazer no interior da boca uma certa parte decepada do seu corpo.

– Cão infernal! – bradou o comandante, irado com aquela torpe provocação.

– Vamos, sobrinho querido! – exclamou Seth, protegido pela escuridão noturna. – Quem sabe um destes cães não possa lhe dizer onde está aquela parte perdida do seu pai?

Um riso, que era uma cópia perfeita do uivo de um chacal, ressoou no deserto, até ir bater e esfarelar-se nos distantes paredões rochosos, e se transformou, logo em seguida, num cacarejo paródico, imitado por todo o seu exército.

– Hórus supremo, permita que ordene uma descarga fulminante de flechas sobre esses cães! – disse o comandante.

– Não, não faça isso! – ordenou o deus, categoricamente. – Não vamos acompanhá-los nas suas abjetas infrações ao código das batalhas.

O comandante, conquanto obedecesse prontamente à

ordem, nem por isso pôde deixar de lamentar, às ocultas, os males trazidos pelo excesso de virtude.

Às primeiras horas do dia, recomeçou o combate, com a mesma ferocidade do dia anterior, e se estendeu novamente pelo dia inteiro sem qualquer resultado prático, senão no aumento prodigioso do número de mortos.

– Do jeito que a coisa vai, teremos de começar, em breve, a queimar os corpos, alteza – anunciou um dos ordenanças de Seth.

– Ah, é? – disse ele, refestelado em sua tenda de campanha. – E por que ainda não o fizeram?

– Bem, vossa alteza deve saber que nossa lei proíbe a destruição de um corpo...

– Oh, é mesmo, senhor das leis? – disse Seth, com uma ironia pérfida na voz. – E o que propõe o sabichão? Mumificá-los um a um, com o tecido de nossas roupas e as lonas de nossas barracas?

– Bem, há meios mais simples, mormente num caso emergencial...

– Eu sei de um meio mais simples, mormente no seu caso emergencial – disse Seth, bradando pelos guardas. – Levem este asno e, depois de envolverem-no totalmente em faixas, enterrem-no vivo num formigueiro, já que ele crê que continuará vivo mesmo depois de morto.

Os guardas fizeram tal como ele ordenara, e ninguém deu um pio de protesto, pois era dessa maneira cruel que o despótico Seth mantinha a fidelidade de seus homens.

Na mesma noite, as fogueiras arderam livremente em ambos os campos, pois pela primeira vez Seth parecia ter razão – afinal, havia o risco iminente de deflagrar-se uma epidemia que, cedo ou tarde, poria fim àquela disputa.

Mal sabiam, entretanto, os dois contendores, que aquela

briga ainda iria durar longuíssimos oitenta anos, e que todos os soldados que ali estavam teriam de comemorar a vitória (ou lamentar a derrota) dentro dos seus sarcófagos, substituídos que seriam, ao longo dos anos, por seus filhos e netos.

Muitas batalhas ainda foram travadas, repletas de episódios dignos de nota, como aquele no qual destacamentos de carros velozes das tropas de Seth, portando fachos ardentes, foram mandados em plena noite, numa verdadeira missão suicida, para dentro das hostes de Hórus – mas que, conquanto tivessem provocado grandes estragos, não lograram jamais obter a vitória; ou ainda aquele outro episódio, no qual Seth, também noturnamente, liberou sobre as forças de Hórus a sua manada colossal de hipopótamos, os quais passaram sobre os homens adormecidos como pedregulhos imensos providos de patas, tornando o acampamento um lago de sangue e de morte.

Mas nada disso fez com que a vitória pendesse para o lado do deus vermelho, servindo apenas para lançar a ira sobre a alma de Hórus e de seus comandados, que reagiram lançando ataques de espantosa ferocidade, mas que, do mesmo modo, também não redundaram em proveito concreto para nenhuma das partes.

– Uma maldita guerra de escaramuças! – disse Hórus, um dia, ao ver encerrar-se mais um dia de improfícuos combates. – Eis no que se transformou esta pendenga!

Ainda estava muito longe o dia da última batalha: a batalha de Edfu.

◆ ◆ ◆

Oitenta anos de uma guerra que parecia infindável haviam exaurido o Egito. A terra, aniquilada em sua força produtiva pela ausência de braços, ameaçava tornar-se, muito em breve, um vasto campo desolado que a fome lavraria para sempre.

– Até o sagrado Nilo parece ter se revoltado contra esse estado de coisas – disse um dia Ísis, mãe de Hórus, ao caminhar sobre os campos outrora alagadiços.

Enquanto caminhava, sua lembrança retornou aos serenos dias de antes da guerra. Como gostava de percorrer, então, aqueles mesmos campos, enterrando com gosto os dedos dos pés no barro escuro e nutritivo que as águas do rio traziam para fertilizar a terra sedenta de água e de alimento!

Logo em seguida, seus olhos pensativos foram pousar sobre os poucos lavradores que ainda encurvavam-se sobre a terra, como a cobrar da mesma uma resposta apaziguadora às suas apreensões, associadas sempre ao terrível espectro da fome.

"Apesar da sua estreiteza mental diária, aquelas pessoas humildes eram, contudo, donas também de uma extraordinária capacidade imaginativa", refletiu ela.

Foi agradavelmente surpresa que ela descobriu, por exemplo, que o povo, já há algum tempo, vinha associando o período cíclico da estiagem com o desaparecimento de Osíris. Na sua criação original, o povo fizera de Osíris o símbolo da fertilidade ausente, a qual, Seth, personificação sinistra do abrasante estio, fizera esconder sob o rio, auxiliado por seus 72 asseclas (não por acaso, os 72 dias da estiagem!). Dramatizando anualmente todos os atos da paixão e morte de Osíris – e também de sua posterior ressurreição –, o povo transpunha de maneira poética os eventos divinos para a esfera mais próxima e compreensível da natureza.

"Mas e se fosse justamente o contrário?", pensou Ísis, com uma súbita vertigem. Quem sabe não passariam os deuses, afinal, de uma criação poética da mente humana – ou da própria natureza! –, a dramatizarem de maneira inconsciente, num plano puramente mítico, os fatos transcendentes da vida real?

Ísis pôs-se a pensar que, num futuro muito distante, a história da presença dos deuses na terra estaria tão esfumada na lembrança dos homens que eles poriam em dúvida o próprio fato de que deuses e homens tivessem convivido lado a lado.

"Chegarão, um dia, a duvidar da minha própria existência?", perguntava-se ela, vagamente divertida e, na verdade, sem importar-se muito com isto, pois a observação detida das coisas há muito lhe dera a ideia de que o universo era regido pelo signo permanente da mudança, e que o destino de tudo – talvez mesmo o dos próprios deuses – era o de nascer, viver e fanar-se, para depois ressurgir sempre e novamente, embora de uma outra maneira.

Essa modificação, contudo, podia ser, às vezes, tão sutil que um olho minimamente atilado conseguia logo identificar, na nova aparição, o seu grão interior imutável – que os sábios chamavam de *ka* –, assim como podemos reconhecer, sob uma nova e superficial maquiagem, o velho e conhecidíssimo ator, denunciado pelos trejeitos que mesmo o maior dos intérpretes carrega sempre consigo.

"A perenidade é coisa morta, e só o que morreu conhece a duração", dissera-lhe um dia um sacerdote de Rá; constatação profunda que ela associou outra vez a seu marido morto, ao dar-se subitamente conta de que a sua história – a do deus que é morto e renasce todo ano – não era, nem de longe, nenhuma novidade.

Pela sua cabeça passaram, num breve relance, as velhas lendas relativas a Tamuz e Adônis, além da bela Prosérpina, que também havia sido levada um dia para as profundezas infernais a fim de ressuscitar, depois, como verdadeira personificação da primavera. "Quantas vezes, e sob que formas mais ou menos extravagantes, seria esta história ainda recontada?", pensava ela, sonhadoramente, a calcar sob os pés os torrões de terra endurecidos. "Como se chamaria o novo ente divino que, num dia distante, iria repetir o drama padrão encarnado atualmente por Osíris?"

– Um padrão! – exclamou ela, abruptamente. – Talvez eu seja isto, também!

Ísis parecia agora um ser humano como outro qualquer, entregue inteiramente às suas cogitações, delícia mental reservada somente aos que desconhecem. Anos e anos, quem sabe, de convívio num elemento diverso do seu, haviam lhe modificado a natureza, tornando-a quase mais filha da terra que do próprio céu.

"Talvez a divindade seja o selo dourado que a natureza apõe a tudo aquilo que alcance a representação perfeita de um padrão!", continuou a pensar, deliciada muito mais com a descoberta de que também era capaz de filosofar do que pela sua própria – e possivelmente inexata – conclusão.

Neste instante, porém, foi agradavelmente arrancada às suas reflexões pela aproximação de seu filho Hórus.

– Minha mãe! – disse ele, tomando-lhe a bênção.

– Que a bênção de Rá e de seu pai Osíris desçam sobre você – disse ela, percebendo uma nota de expectativa no rosto do filho.

– Parto amanhã para Edfu – disse ele. – Alguma coisa me diz que o termo desta luta infernal se aproxima.

Ísis também punha todo o seu coração nessa esperança.

– É preciso acautelar-se, meu filho – disse ela, apreensiva. – Seu tio deverá utilizar-se de todos os expedientes sórdidos de que ainda não lançou mão para derrotá-lo.

– Ninguém melhor do que eu lhe conhece as artimanhas, minha mãe – disse Hórus, confiante. – Edfu será o ponto final desta disputa, e também da tirania de Seth sobre os dois países – concluiu, referindo-se ao Alto e Baixo Egito.

Hórus partiu no mesmo dia para os campos que margeavam a cidade, a fim de ir reunir-se a seu exército, ao qual encontrou plenamente instalado.

As tropas, entretanto, haviam passado por uma renovação completa desde o início da guerra, e eram agora outras mãos que empunhavam as mesmas armas que as mãos enfaixadas de seus antigos donos não mais podiam suster.

– Saudações, filho de Osíris – disse seu comandante. – As tropas do usurpador já estão a postos, também, logo depois do vau estreito que existe a poucos quilômetros daqui.

– Marcharemos amanhã cedo, sem mais tardança – disse Hórus, laconicamente.

E assim se fez. Tão logo o sol dardejara seus primeiros raios sobre o campo de guerra, já estavam outra vez os dois exércitos frente a frente para aquele que deveria ser o último combate de uma guerra longa e exasperante.

As trombetas de Hórus soaram, atroando os vales ao redor, enquanto pendões amarrados às lanças subiram quase tocando os céus.

Em resposta, urros de desafio, unidos ao rufar de pandeiros côncavos recobertos de guizos, partiram das hostes de Seth.

Mas essa demonstração teve uma curtíssima duração, sendo quase uma mera formalidade, pois ambas as partes já estavam fartas de fanfarronadas, as quais haviam prenunciado até ali somente o anticlímax continuado das batalhas irresolvidas.

– A toda carga, e até o fim! – gritou Hórus, de maneira resoluta.

Seu grito reproduziu-se pela boca de centenas de seus oficiais, como se fora um rastilho, espalhando-se por suas hostes e provocando o arremesso da massa compacta na direção do vau – uma estreita faixa de água que ainda teimava em correr sob os raios fulgurantes de um sol inclemente.

Foi com indizível gozo que os pés escaldados dos combatentes de ambos os lados – já que, previsivelmente, os do lado contrário também haviam se arremessado para o terrível recontro – sentiram subir-lhes pelas pernas os respingos da água corrente, espargida para todos os lados pelo patear das dezenas de milhares de pés. Parecia mesmo que uma chuva invertida erguia-se do chão explodindo ao alto num sem-número de borrifos cristalinos e refrescantes.

Mas logo o frescor converteu-se em ardor, com os primeiros golpes das lanças e das espadas. Corpos perfurados e membros despedaçados iam cair sobre a água num retumbar líquido, misturando ao elemento cristalino a cor viva do sangue, de tal sorte que muito em breve o leito quase raso do rio ganhara um novo volume – e, certamente, também, uma nova consistência –, convertendo-se num curso inacreditavelmente estuante e borbulhante de águas escarlates, tal como se convertera o Escamandro dos frígios sob a fúria de Aquiles.

Os soldados, engalfinhados, trocaram seus golpes rudes durante muito tempo, perecendo a maioria naquelas mesmas águas, não sem antes terem bebido, como numa última e macabra libação, do sangue reunido de amigos e inimigos.

Os que conseguiam transpor o limite de sangue, entravam para dentro das hostes inimigas, derrubando e retalhando, até serem eles próprios ceifados pelos golpes vigorosos dos defensores.

Hórus – e também Seth, do outro lado – observavam a batalha avidamente, na expectativa de que desta vez as coisas pudessem definir-se claramente a seu favor.

– O que lhe parece, alteza? – disse o comandante de Seth, nas pontas dos pés, sob o seu carro de guerra.

– Parece-me uma maldita repetição de algo que vejo e revejo há oitenta anos, eis o que me parece! – rugiu o deus das feições de chacal.

A avaliação de Hórus, no outro extremo, não era diferente.

– Tudo se repete, como numa girândola infernal! – disse ele, alçando a cabeça para o astro supremo, que parecia paralisado no céu para observar outra vez o velho espetáculo.

Então, subitamente revoltado, Hórus abandonou seu escudo e sua espada, que retiniram de encontro ao chão, e fechou inteiramente os seus olhos.

– O que está fazendo, Hórus soberano? – disse seu ajudante.

Mas o deus, surdo às palavras de quem quer que fosse, começou lentamente a tomar a conformação física da ave que lhe dera origem.

– Vejam, Hórus metamorfoseia-se num gavião! – disseram várias vozes.

De fato, Hórus, virado numa imensa ave de asas negras e bico recurvo, erguera voo de seu carro e ascendera aos céus, a planar livremente sobre o campo de batalha.

Seth, que teve sua atenção despertada pelos gritos de admiração, ergueu também seus olhos ao céu:

– É o filho da rameira! – bradou ele. – Vamos, abatam-no, já!

Centenas de flechas e lanças das hostes setianas subiram ao céu como raios prateados na tentativa de derrubar a ave prodigiosa.

Mas o gavião, num gesto de grande esperteza, mantinha-se sempre ao alto, e bem à frente do sol, a fim de que o astro ofuscasse com seus raios, infinitamente mais poderosos, a visão dos agressores.

– Disparem sobre os arqueiros! – ordenou o comandante Hórusino, tentando obstar também, ao seu modo, o ataque covarde sobre o audaz filho de Osíris.

Uma chuva de flechas desceu sobre as hostes de Seth, de tal sorte que a morte impediu que milhares de setas partissem dos arcos, tornados inúteis.

Seth, percebendo que os olhos afiados da ave procuravam-no, desapareceu no meio de seus homens, imiscuindo-se por entre os hipopótamos, até converter-se ele próprio num deles.

– Covarde, bem vejo qual destes é você! – disse Hórus-gavião, arremessando-se num voo rasante, até ir cravar suas garras aduncas sobre o flanco de Seth-hipopótamo.

Um ronco bestial partiu da bocarra do animal, atroando os céus e espalhando o pânico em suas linhas de defesa.

Mas, recuperando-se a tempo, Seth transformou-se numa gazela e desapareceu numa corrida desabalada, enquanto Hórus era obrigado a ascender novamente aos céus.

Pousado sobre um imenso rochedo, Hórus-gavião avistou Seth-gazela a fugir em desabalada corrida para um descampado muito distante. Num pulo, o deus alado estendeu suas asas e saiu-lhe no encalço.

Depois de voar um grande trecho, Hórus-gavião foi pousar bem adiante do deus fugitivo, que estaqueou, sapateando no solo com suas quatro patas esguias.

– Agora é entre nós dois – disse Hórus, assumindo novamente a sua forma.

◆ ◆ ◆

Seth, pego de surpresa pelo brusco retorno do arqui-rival, deu alguns passos para trás, mas, logo decidido também a pôr um fim naquela disputa, retomou em breve a sua forma original.

– Propõe, então, um duelo, avezinha de rapina? – disse ele, rilhando os dentes.

– Sim, um duelo justo, se ainda souber o significado desta palavra.

Um jato espesso de cuspe de Seth atingiu a orelha de Hórus e ficou-lhe pendente ali um instante, como uma corda baça e asquerosa.

Hórus ergueu voo e retornou logo com duas espadas e dois escudos.

– Tome a sua arma, vilão – disse, depois que o vento expulsara de seu rosto a gosma pútrida –, e tente lutar como um deus, se o permitir a sua natureza de cobra cuspideira!

Um grito de ódio rompeu da garganta de Seth, que arremessou-se na direção de Hórus. O fio da espada raspou o ombro do filho de Ísis, sem cometer-lhe dano algum.

– Maldito! – disse Hórus, desviando-se do golpe. Logo em seguida acertou um golpe certeiro sobre os testículos do oponente, extirpando-os violentamente.

Um grito indizível de dor fez Seth afastar-se de olhos fechados e com as mãos postas sobre a terrível ferida.

– Agora pensará duas vezes antes de tripudiar sobre o meu pai! – disse Hórus, referindo-se à mutilação que Osíris sofrera em seu membro gerador.

Arremessando para longe a espada, Seth sacou de um punhal escondido.

– Maldito! – gritou Seth, numa voz agora demasiado fina. – Juro pela serpente infernal que pagará bem caro por isto!

De fato, Hórus também se viu, em breve, obrigado a pagar o seu tributo à dor. Seth, num mergulho velocíssimo, surpreendeu o seu oponente e, num golpe impressionantemente rápido, extirpou do rosto do deus o seu olho direito, recuando depois com o valioso prêmio na mão.

– Aí está, coruja do pântano! – disse ele, arremessando o olho de Hórus na mesma poça escarlate onde jaziam os testículos ensanguentados do deus-chacal.

Nesse momento, Hórus pôde lembrar-se – a ponto de escutar perfeitamente em seus ouvidos – as palavras de seu pai, que tantas vezes ouvira nos treinamentos:

"– A dor que você sentirá será somente sua...!"

Hórus inteiriçou-se para suportar a dor, que somente começara a sentir agora. Com apenas um olho, ele sabia que teria de assimilá-la o mais rápido possível, para poder enfrentar novamente o seu oponente, agora em nítida vantagem sobre si.

Mas Hórus saiu-se melhor do que esperava, pois manteve o combate – que ameaçava estender-se também por outros oitenta anos – com a mesma galhardia, rebatendo todos os golpes e ainda acertando alguns no corpo esfolado de Seth.

Nesse instante, porém, uma voz soou por detrás dos dois combatentes:

– Basta com tudo isto!

Era Thot, mensageiro de Rá supremo, que vinha pôr um ponto final naquela contenda inacabável.

– Fora daqui, pelicano imbecil! – disse Seth, ameaçando espalhar as penas do deus da cabeça de íbis para todos os lados.

– Encoste um dedo em mim e será reduzido pela ira de Rá a um monte de cinzas! – disse o deus, serenamente.

Hórus já havia baixado a guarda, e Seth tratou, prudentemente, de fazer o mesmo.

– Não só o deus supremo, como todos os demais deuses, querem declarar a vocês que já estão absolutamente fartos dessa estúpida contenda! Doravante, ambos terão de curvar-se inapelavelmente ao arbítrio de Rá.

Thot, depois de curar as feridas dos dois guerreiros – restituindo a cada qual as partes extirpadas, como médico supremo que era –, declarou:

– Osíris, como senhor absoluto do reino dos mortos, já há muito tem negado à exaurida terra dos egípcios a sua estação amena, em protesto pela usurpação do trono. Dessa forma, se você, Seth, insistir em permanecer à testa do trono, irá tornar-se, muito em breve, soberano de um segundo reino dos mortos, pois quase já não há um único talo de trigo a ser comido em todo o Egito.

Seth rosnou algumas injúrias, mas viu-se silenciado outra vez pela voz de Thot.

– Aqui estão, filho de Osíris, as insígnias reais – disse ele, estendendo o cetro a Hórus e colocando sobre sua cabeça a coroa branca. – Declaro-o, a partir deste instante, soberano absoluto de todo o Egito!

– E por que razão, estúpido, imagina que irei acatar um veredicto que já mil vezes repeli pela boca e pelas armas? – bradou Seth, interrompendo a cerimônia.

– Não se enfureça de maneira precipitada – disse Thot, voltando seu longo bico para o inconformado deus. – A você também está reservada uma enorme elevação.

"Enorme elevação?!", pensou o deus das feições caninas.

– Quiçá ainda maior que a reservada ao divino Hórus.

"Ainda maior?!", pensou Seth, lambendo-se todo.

– O que pode ser maior do que estar sentado ao alto do trono da maior de todas as nações? – disse ele, incapaz de imaginar algo mais grandioso.

– Rá supremo o fará soberano nas alturas celestiais, instalando-o, também, na proa da sua barca. Pois assim o disse Rá, em palavras que agora reproduzo: "Eis que Seth estará sempre a meu lado, como verdadeiro filho. Sua voz retumbará sobre os céus e os homens o temerão!".

Seth silenciou por alguns instantes, especialmente agradado da parte final, imaginando-se já todo-poderoso nas alturas, a despedir seus raios sobre os míseros mortais como Zeus tonante ou o Thor dos nórdicos.

– Está bem, narigudo – disse ele a Thot. – Estar nos céus, na condição de senhor dos raios e das tempestades, vá lá! Mas o que ganho em descer todas as noites às trevas profundas, para transpor doze portões cercados por monstros de toda casta e enfrentar, ainda ao final, uma serpente gigantesca sedenta de sangue?

– O sabor imarcescível das batalhas, Seth guerreiro! – disse Thot. – Como guia da barca solar, você será exaltado apenas abaixo do próprio Rá, ressurgindo sempre à testa dela quando um novo dia erguer-se nos confins do horizonte.

E foi assim que se encerrou a compridíssima contenda que opôs Hórus a Seth.

Desde então, todos os faraós que fizeram a glória do Antigo Egito – como Menés, Ramsés e o monoteísta Akhenaton – tornaram-se descendentes diretos de Hórus, o deus-rei que sob a égide do *pschent* (a coroa real encimada pela cobra e pelo abutre) unificou os povos do Baixo e do Alto Egito.

SAKHMET, A LEOA EXTERMINADORA

Desde que Rá, o supremo deus egípcio, havia perdido seu poder, graças a um hábil ardil empregado pela deusa Ísis – que descobriu o nome secreto do deus (espécie de mantra mágico capaz de transferir seu poder para aquele que o escutasse) –, o velho deus passara a conhecer os dissabores da decadência física.

Resolvido a saber a quantas ainda andava o seu prestígio entre os homens, o velho deus cometeu a imprudência de retornar ao seu convívio, descobrindo muito cedo, porém, o quanto custava envelhecer entre uma raça corrupta que desconhecia o significado das palavras respeito e cortesia.

– Vejam, lá vai a velho espoleta! – diziam os debochados, que não se davam nem mais ao trabalho de se ocultarem para tripudiar da pobre divindade senil.

De fato, o ex-todo-poderoso Rá não metia mais medo em ninguém com seu passo trôpego e o disco solar acima da cabeça, quase apagado, tendo se convertido rapidamente num "tipo popular" – espécie lamentável de ser cuja única razão de existir é a de servir de diversão ao tédio dos ignorantes.

Depois de alguns dias de amargas provas, Rá chegou a beber o último gole da taça, estufando as bochechas com a borra da vileza humana, quando, ao passar por uma viela qualquer, recebeu uma rasteira inesperada de um moleque imundo com a barriga cheia de vermes.

– Sai da frente, tição apagado! – berrara o pequeno demônio, antes de praticar o ato hediondo.

Ainda com a cara metida na areia, Rá decidiu retornar ao convívio dos deuses.

Tão logo chegou ao seu palácio dourado, mandou chamar os seus pares.

– Reuni-os para comunicar-lhes que decidi exterminar essa raça de víboras bípedes! – disse ele, em altos brados.

Um burburinho de espanto correu de boca em boca.

– Mas por que motivo, deus soberano? – disse Ísis, intrigada.

– Você é o motivo! – disse ele, lançando à deusa um olhar de rancor.

– E-eu? – disse ela, com ar de inocência.

– Sim, graças a você perdi todo o respeito daqueles vermes! – explodiu o deus.

Hórus, filho de Ísis, querendo desviar a ira do deus solar de sua mãe, intrometeu-se no assunto.

– Mas o que lhe fizeram, exatamente, poderoso nume?

– Humilham-me sem cessar, eis o que é! – disse Rá, limpando a saliva do canto da boca. – Chegam esses vermes ao ponto de arremedar meu próprio nome, repetindo-o insistentemente, como se fosse uma de suas risotas!

– Quem ousaria tal coisa? – disse Geb, o deus da terra.

– Todos eles! – respondeu Rá, encolerizado. – Mas isso vai ter um fim, e muito antes do que eles imaginam!

Depois de percorrer com o olhar todo o amplo salão, perguntou:

– Onde está Hathor?

As cabeças divinas voltaram-se para todos os lados, mas ninguém foi capaz de encontrá-la.

– Quero já a minha filha diante de mim! – disse Rá, martelando seu cajado com toda a fúria.

Como se somente agora tivesse escutado a ordem, eis que surgiu, de repente, numa carreira ligeira, a bela deusa, trazendo à frente o seu par de avantajados seios.

– Chamou, meu pai? – disse ela, enxugando o suor da fronte.

– Aí está você, bela Hathor! – disse o velho, que tinha um apreço fora do normal por sua filha dileta. – Por ser minha filha muito amada, encarrego-a agora de dar efetivo cumprimento à minha mais terrível ordem!

A deusa, pega de surpresa, arregalou seus grandes olhos bovinos – pois, a exemplo da maioria das divindades egípcias, compartilhava com os animais de uma segunda natureza (no seu caso, com as vacas), sendo considerada, por isso mesmo, como a grande deusa mantenedora da vida.

Mas tal como a lua – outro de seus muitos símbolos –, ela também tinha seu lado obscuro. Graças ao fenômeno do sincretismo divino, que permitia aos deuses egípcios assumirem outras identidades (com algumas modificações em seus atributos), ao se confundirem com divindades menores – tal como ocorre hoje com os nossos santos, que chegam a mudar de cor nas regiões equatoriais –, Hathor dos úberes fartos também podia eventualmente ver-se transformada na temível Sakhmet, deusa leonina representativa das forças cósmicas da destruição.

Nesse caso, a mudança era tão dramática que até os deuses, tomados pelo terror, fugiam espavoridos de sua presença. Não foi por outra razão que, logo após Rá ter terminado de expor o seu plano à filha, já o salão estava inteiramente deserto.

– Patuscos! – disse Rá, no seu linguajar ligeiramente arcaico.

Depois, voltando a pousar seus olhinhos cerzidos sobre a filha, continuou:

– Hathor, quero que destrua a raça humana inteira!

– Destruí-la? – disse ela, espantada.

– Sim, pois me arrependo de tê-la criado – disse Rá, fazendo uma pausa, assaltado por aquele sentimento intrigante que os franceses chamam de déjà-vu.

– Mas por que razão?

– Se tivesse chegado antes, já o saberia, Hathor querida...

– Desculpe, Rá soberano. Estava amamentando uma criança carente.

– Não torne jamais a fazê-lo! – esbravejou o deus, encolerizado. – Que nunca mais uma pérfida boca humana ouse conspurcar os seus divinos mamilos!

– Mas era apenas um bebê...!

– O bebê é o pai do homem!

– Está bem, Rá supremo. Farei como ordena, embora encarnar o papel de destruidora seja muito difícil para mim.

– Mais difícil é ver seu pai humilhado todos os dias!

– Naturalmente, grande Rá...

– Vamos, transforme-se logo na Grande Leoa Sedenta de Sangue!

Hathor, afastando-se alguns passos, despiu-se inteiramente, deixando à mostra as suas maravilhosas formas. Depois, postando-se de cócoras, colou seu busto imenso aos joelhos, com a cabeça escondida entre as pernas, de tal sorte que ficou como que enrodilhada em si mesma.

Em seguida, um ronco surdo escapou de sua boca, abafado ainda pelo delicioso obstáculo de suas sólidas coxas. Suas costas arfavam como um fole, enquanto sua pele começava a tornar-se amarelada, como a das leoas. Depois, seus braços e pernas foram ganhando a conformação exata dos membros de um felino, com quatro patas adornadas de enormes espinhos aduncos, enquanto uma cauda comprida agitava-se no ar como uma vibrátil serpente de feltro.

Outro ronco tremendo – desta vez verdadeiramente aterrador – reboou por todas as colunas do palácio dourado quando, ao inteiriçar-se sobre as quatro patas, a deusa revelou-se sob a sua nova e impressionante forma.

Agora não eram mais os olhos docemente bovinos de Hathor que fixavam o rosto de Rá, mas as órbitas raiadas de sangue da temível Leoa Exterminadora.

◆ ◆ ◆

Os egípcios haviam recém-começado mais um de seus dias rotineiros e monotonamente utilitários. Envolvidos na tarefa de prover o sustento de suas famílias, iam os homens sérios a caminho de seus afazeres, enquanto as mulheres rumavam com seus filhos ao bulício dos mercados. E antes de todos, já errava de lá para cá a malta dos escravos – já que para estes só havia uma hora: a do trabalho.

Subitamente, um ronco bestial fez-se ouvir em uma grande artéria de Tebas. Os súditos do Disco, meio embasbacados, ergueram suas cabeças para o alto, imaginando tratar-se de uma tempestade súbita – coisa rara, ainda mais naquela época do ano.

Uma ligeira excitação perpassou, muito de leve, as suas almas rotineiras.

Entretanto, nada de chuva, como logo puderam constatar. Um sol radiante já espalhava seus raios abundantemente por todo o Egito, afastando qualquer chance de um banho indesejado ou de qualquer outra emoção rudemente imprevista.

Mas foi só o tempo de baixarem novamente as suas cabeças para que soasse novo e mais poderoso rugido – tão forte, desta vez, que fez as crianças agarrarem-se instintivamente às túnicas de suas mães. Seu subconsciente, atualizado pelo pavor de incontáveis gerações, identificara naquele ruído o ronco da famigerada leoa que, volta e meia, provocava o desaparecimento de algum desgraçado – na maioria das vezes uma criança descuidada, arrastada por ela para ser saboreada em alguma furna sinistra escondida no deserto.

Mas havia aqui um ponto intrigante: animais ferozes à solta pelas ruas, em meio à multidão, só era coisa admissível em períodos de fome intensa, quando os animais dos pastos, mumificados pela inanição, não ofereciam alimento aos seus estômagos, obrigando-os a fazerem temerárias incursões pelos centros urbanos.

As pessoas ainda entreolhavam-se, intrigadas, quando a dúvida transformou-se, finalmente, em apavorante certeza tão logo escutou-se o guincho estridente de uma mulher, a brandir para o alto o seu dedo estrangulado de anéis.

Encarapitada no topo da mais alta construção – não por acaso, um enorme templo dedicado ao vilipendiado Rá –, lá estava ela, a Grande Leoa Exterminadora, a passar em revista, com seus olhos amarelados, aquele desfile matinal de seres subalternos.

Pousando os olhos sobre o traseiro de uma senhora obesa – a sacudir em desabalada corrida o seu amplíssimo manto cintado de borlas douradas –, a leoa imensa fez, então, a sua escolha. Depois de contornar os lábios com sua língua mole e pegajosa como uma toalha molhada, a fera lançou-se, num arremesso elástico que lhe distendeu inteiramente o corpo, num breve e elegante mergulho.

Em plena fuga, a rotunda senhora percebeu uma enorme sombra crescer sobre a pedra recortada que seus pezinhos bojudos percorriam a toda brida, até que algo incrivelmente pesado lhe desabou sobre as costas, arrancando um uffff! profundo de suas bochechas coradas.

Depois de rolar alguns metros como uma barrica acolchoada, a vítima viu-se detida por um obstáculo qualquer, ficando de frente para a demônia peluda, já a arreganhar para si os dois sisos do seu desconcertante sorriso da morte.

"O siso da direita tem uma pronunciada mancha escura, produto talvez de alguma cárie ou resto alimentar", pensou, absurdamente, a esférica senhora, como costuma acontecer, às vezes, em momentos de traumatizante expectativa.

(Desnecessário dizer-se que a essa altura a multidão já havia se espalhado em todas as direções, deixando a vítima e sua algoz inteiramente à vontade para a emocionante entrevista íntima que se avizinhava.)

Graças, entretanto, ao ventre abaulado, a senhora das nádegas proeminentes conseguiu girar rapidamente o seu corpo na direção oposta, passando a agitar os dois bracinhos curtos, na tentativa desesperada de colocar-se em pé, enquanto suas pernas rechonchudas repetiam o movimento espasmódico das rãs.

Imóvel como uma esfinge, a leoa acompanhou, nitidamente deliciada, os esforços vãos da presa inábil. Depois, parecendo cansada do brinquedo, deu um grande bocejo, oscilou duas vezes os longos fios do seu bigode e aproximou lentamente as pálpebras superior e inferior, até deixar suas pupilas castanhas quase horizontais.

E, somente então, ela atacou.

Num pulo infinitamente gracioso – que, em algum entrecruzamento evolutivo, tomara de empréstimo às raposas –, foi cair diretamente sobre as nádegas amplas da sua presa, enterrando-lhes, até a raiz, os dez punhais afiados de suas patas dianteiras. Depois, num ruído de algo que se rasga, fez as facas descerem, arrancando daquela trouxa macia de carne alguns nacos avermelhados, recobertos de saborosa e nutritiva gordura (tudo isso ao som de gritos estertorantes, sem os quais comer e dilacerar, positivamente, perdiam muito do seu encanto).

Mas os gritos não partiam somente dela, senão também da assistência que, reagrupada a segura distância, tentava, num súbito assomo da coragem esmorecida, espantar para longe a pavorosa fera.

Empolgada pelo alarido, a dama obesa tentou novamente erguer-se, mas algo pesadamente sedoso frustrou-lhe para sempre essa última esperança, esmagando seu rosto de encontro à pedra. Completamente imobilizada, viu-se obrigada, então, muito contra a sua vontade, a aspirar o odor do basalto ensanguentado, ao mesmo tempo em que, já imersa no delírio imbecil que antecede a morte, observava as últimas imagens distorcidas de um mundo que, decididamente, não era mais o seu.

Foi preciso ainda algum tempo para que a sua alma, escapulindo por entre as brechas das feridas posteriores, descesse finalmente à mansão de Osíris.

◆ ◆ ◆

O massacre, naturalmente, não parou aí.

Sakhmet, depois do pequeno introito aterrador, recomeçara a sua obra, agora com extraordinária eficiência, velocidade e precisão. Coisa alguma dotada de vida escapou aos seus botes precisos. Quem se ocultou foi encontrado. Quem tentou reagir foi estraçalhado. E somente aqueles que lhe estenderam o pescoço voluntariamente desfrutaram do privilégio da morte rápida – único gesto piedoso que a Leoa Exterminadora tinha a prodigalizar a uma raça ímpia e degenerada.

Quando o dia terminou, Sakhmet passou em revista a sua obra de destruição e concluiu que havia trabalhado maravilhosamente bem. Pilhas de cadáveres jaziam espalhadas por toda parte, dando a certeza de que, muito em breve, a raça humana estaria extinta para todo o sempre.

Enquanto isso, Rá, em seu palácio, não estava alheio ao que se passava, e os relatos que recebia lhe davam uma deliciosa satisfação interior.

– Estão aprendendo, sacanas? – dizia ele, debruçado ao balcão de seu palácio, sentindo-se magnificamente vingado.

A todo instante, emissários vinham trazer-lhe novas notícias dos massacres promovidos pela deusa insaciável, dando-lhe a certeza absoluta de que nunca mais seria humilhado pelas malditas víboras bípedes.

– Quantos mortos mais? – perguntava ele, ansioso. – Cem mil...? É pouco!

Mas no fundo de sua alma havia uma vozinha onipresente a incomodá-lo (a sua consciência, talvez, ou o que quer que sussurre dentro de um deus).

"Cem mil mortos!", sussurrava ela, indignada. "Não é meio demais?"

– É muito de menos! – esbravejou o deus. – Quero a extinção total desses vermes!

Sacudindo a cabeça, Rá afastou o mosquito interior e cruzou os céus com sua barca, acompanhando do alto a obra exterminadora de sua eficiente filha.

– Que fúria, hein! – dizia ele, entre admirado e repugnado, ao ver a leoa lançar-se sobre cidades inteiras, arrasando tudo o que encontrava pela frente.

Pelos campos também jaziam espalhados os cadáveres de incontáveis seres humanos – homens, velhos, mulheres e crianças.

"Crianças, também?", disse a voz, tão alto que o deus quase perdeu o equilíbrio, despencando para a terra como um Faetonte senil.

– A criança é o pai do homem! – repetiu ele, obtusamente.

"Não mesmo! Crianças, não...!", bradou a voz, irada.

Mergulhando sua barca nos abismos da noite, Rá tentou fugir àquela vozinha irritante, sem perceber que era justamente ali que ela mais se amplificava.

Tomado por terríveis pesadelos, Rá, no entanto, só conheceu a completa e nefasta extensão dos resultados da sua ira quando, após encostar a barca diante do trono de Osíris, o senhor dos mortos, viu enfileiradas diante de si legiões imensas de seres humanos com as carnes dilaceradas, à espera de seu julgamento. Todos traziam debaixo do braço o ensebado Livro dos Mortos, espécie de guia turístico infernal indispensável para se poder ingressar – e, ao mesmo tempo, sair – daquele lugar lúgubre e apavorante.

"Aí está, divindade cruel, o produto da sua ira!", trovejou a acusativa voz.

Rá voltou seus olhos para um bando de moleques que folheavam aterrorizados o complicadíssimo manual, certos de que jamais encontrariam naquele amontoado de hieroglifos as respostas exatas às perguntas disparatadas que o juiz tenebroso infalivelmente lhes faria. Espalhadas aos seus pés estavam algumas folhas arrancadas pelo folhear convulso – certamente, numa delas, estava a resposta fatal que jamais lograriam encontrar!

Mas Rá só sucumbiu verdadeiramente quando identificou no meio da molecada o garoto miserável que o lançara ao chão, no começo desta história.

Desta vez não foi voz interior alguma, mas a sua própria que escutou dizer:

"Não, não serei tão vil e pequeno a ponto de me vingar de um fedelho com barriga d'água!"

Dirigindo-se, então, a Osíris de barbas aneladas, lhe disse, simulando uma certa má vontade:

– Vá, deixe passar estes pitocos, sem lhes interrogar.

Mas o deus, severo e alheio a qualquer misericórdia, rugiu:

– Em meus domínios vigora tão somente a minha lei!

Rá, então, dando novamente uma destinação digna à sua ira, voltou a ser o velho Rá, bom e soberanamente justo:

– E quem é o deus supremo aqui, seu bestalhão? – disse ele, refulgindo seu disco solar a ponto de afugentar os 42 demônios encarregados de punirem os maus decoradores de respostas.

Osíris, encolhido em seu trono, deu um olhar azedo de esguelha aos moleques.

– Passem logo, mijões! – disse ele, comprimindo os lábios com o punho.

Num segundo a molecada desapareceu, num alarido ensurdecedor, para as delícias do paraíso.

No dia seguinte, o deus solar retornou tão cedo ao mundo que trombou com a lua, ainda esparramada no grande leito negro do céu. Um brilho mais suave, entretanto, parecia emanar do seu disco quando rumou velozmente para o seu palácio.

◆ ◆ ◆

– Sakhmet esteve aqui esta noite para relatar-lhe, em detalhes, as matanças – disse Bastet, a deusa-gata, que apesar de aparentada com a outra, estava com as faces inteiramente pálidas.

– Ah, é? – disse Rá, fingindo um interesse que não tinha.

– Ela voltará amanhã à noite – disse Bastet, acrescentando rapidamente: – Infelizmente não poderei estar aqui, pois tenho de ir a Bubástis presenciar o linchamento de um estrangeiro que matou, inadvertidamente, um gato.

– Ah, sim – disse Rá, com o ar ausente. – Está bem, boa diversão.

Interiormente, porém, deu graças a si por não ter testemunhas para o que pretendia fazer durante todo o dia, em seu esplendoroso palácio.

“Tenho de pôr um paradeiro nessa loucura!”, pensava ele, angustiado.

Tão logo percebeu que estava livre de qualquer outro subdeus inoportuno, Rá chamou seus mensageiros e lhes ordenou:

– Vão já até Assuã e tragam-me o máximo de ocre vermelho que puderem encontrar!

Ocre era uma argila muito usada em pinturas, e da qual o deus planejava utilizar-se para um determinado fim.

Assim que os mensageiros partiram, Rá mandou chamar ao palácio o sacerdote supremo de Heliópolis, ao mesmo tempo em que mandou trazerem também uma quantidade enorme de cevada.

– Ainda não se encontrou com a Grande Leoa, pelo que vejo – disse o deus, fungando um sorrisinho malicioso, ao ver entrar o sacerdote todo encolhido de medo (pois Rá, a exemplo de todos os deuses existentes desde a criação do mundo, tinha verdadeiro asco dessas criaturas).

– Graças ao sol sublime que ofusca todo o Egito que ainda tenho as carnes bem presas a meus ossos – disse o repetidor oficial de fórmulas e cânticos enfadonhos.

– Ótimo, pois antes que isso aconteça, preciso que prepare uma mistura especial para mim – disse Rá, sentindo uma leve náusea subir-lhe pela garganta.

Assim que os mensageiros retornaram da viagem, o sacerdote foi encarregado de preparar um verdadeiro rio de cerveja, misturando à bebida a argila vermelha.

– Quero uma cerveja bem forte, ouviu bem? – disse Rá ao sacerdote-cervejeiro, que estava com o narigão vermelho enfiado num dos panelões.

– Rá poderoso não terá motivo nenhum para queixar-se do produto final de minha habilidade, já que ela é resultado das ordens expressas emanadas de sua vetusta e solar sabedoria – disse o sacerdote, que tinha um sem-número de bajulações ainda piores do que esta decoradas em sua cabeça.

– Desculpe, não ouvi o que disse – falou Rá, fingindo interesse.

– Eu disse que Rá poderoso não terá motivo nenhum...

Mas Rá, tal como fazia no templo, afastou-se sem ouvir o resto, pois nada o deliciava mais que deixar hipócritas com a lisonja asquerosa pendente dos lábios.

Quando a noite chegou, já os escravos do palácio haviam carregado para uma distante região do Egito – local onde Sakhmet iria exercer, na manhã seguinte, a sua fúria devastadora – nada menos que sete mil barris daquela "cerveja de sangue".

Quando ali chegaram, os escravos verteram sobre o chão plano a embriagante mistura, de tal sorte que logo toda a região ficou inteiramente alagada por um rio escarlate. Quando amanheceu, a região ainda estava tão profundamente inundada que Sakhmet, ao se aproximar, já sedenta de sangue, arregalou seus grandes olhos amendoados:

– Mas o que é isto? – rugiu ela. – Será que alguma outra leoa já andou por aqui?

Lentamente, introduziu suas patas no rio vermelho e avançou pé ante pé.

– Hummm! Que sangue aromático! – disse ela, lambendo instintivamente os seus longos bigodes.

Imediatamente, a leoa mergulhou seu focinho úmido naquele leito embriagante, sorvendo a mistura com uma sede verdadeiramente espantosa. De fato, depois de vários dias de matança indiscriminada, ela estava com uma sede quase inextinguível.

Sakhmet bebeu naquele dia mais cerveja do que todos os alcoólatras de nossos dias em um ano inteiro de metódicas libações.

Ao final do dia, completamente embriagada, ela dirigiu-se ao palácio de Rá.

O deus, sentado em seu trono dourado, recebeu-a com um sorriso alegre.

– Sakhmet adorada! – exclamou ele. – Finalmente a revejo!

A leoa, cujas pernas pareciam estar calçadas com quatro botinas escarlates, aproximou-se cambaleante. Ela tentou responder, mas somente um rosnado engrolado escapou de sua boca inteiramente vermelha, e, logo em seguida, um vômito da mesma cor que inundou todo o chão do palácio.

Depois de desobrigar seu estômago, aproximou-se do colo do velho deus e ali repousou a sua cabeça, preparando-se para dormir um longo sono.

– Durma bichaninha, durma – disse o deus, embalando o sono da leoa. – Amanhã acordará transformada outra vez na minha mansa Hathor dos seios vivificantes.

E foi assim que Rá poupou a humanidade de sua cólera, permitindo-lhe que voltasse a exercitar-se na mais cara de suas vocações: a reincidência no mal.

A HISTÓRIA DOS DOIS IRMÃOS

I – A MULHER DE ANÚBIS

A "História dos dois irmãos", embora não pertença a nenhum ciclo mitológico – já que nenhuma divindade é protagonista de sua ação –, tornou-se um conto tão conhecido no Antigo Egito que adquiriu o status de lenda quase oficial. Isto, acrescido ao fato de ser uma das histórias mais antigas já registradas pelo homem, a habilita a tornar-se objeto da atenção do leitor interessado pela literatura da era dos faraós.

Esta lenda curiosa – e, em muitos pontos, extravagante – nos chegou graças ao talento de um certo escriba da época, chamado Inene, que teria vivido no século XIII a.C., o qual começa seu relato dizendo que, num certo tempo, viviam numa mesma casa dois irmãos. Seus nomes eram Bata e Anúbis, o último dos quais era casado com uma mulher cujo nome, a exemplo da famosa mulher de Putifar, a versão lamentavelmente omite. Durante um certo tempo, os três viveram em paz e harmonia, até que, certo dia, ambas desapareceram para dar lugar ao conflito – salvando assim o relato do enfado.

Bata, que desde o casamento do irmão passou a dormir junto com os bois, no curral, adquiriu ali, com o convívio continuado, o maravilhoso dom de entender o que esses seres pacíficos diziam entre si. Infelizmente, não chegou até nós que espécie de assunto tratavam eles durante o seu descanso, senão que todas as noites os animais indicavam a ele quais eram os melhores pastos da região, a serem degustados na manhã seguinte, o que fazia aumentar muito a qualidade do seu leite e dos bezerros que suas entranhas pariam continuadamente.

Ora, um belo dia, os dois irmãos faziam, em pleno campo, a semeadura, quando Anúbis subitamente exclamou:

– Maldição! Acabaram-se as sementes que eu trouxe!

Bata, sempre prestativo, adiantou-se a dizer:

– Pode deixar, meu irmão; irei ao celeiro buscar o restante.

Anúbis agradeceu e ficou aguardando, deitado sob a sombra.

Na verdade, Anúbis poderia ter ido junto para ajudar o irmão a trazer as pesadíssimas sacas, o que também ajudaria a evitar certos encontros fortuitos, agravados pela sua ausência. Mas, melhor que seja assim, pois, afinal de contas, tudo o que queremos, na condição de leitores, não é ver o conflito instaurado?

Bata partiu, então, no rumo do celeiro, que ficava junto à casa. Ora, dentro desta estava a mulher de Anúbis, a costurar e a cismar – já que tais ações são indissociáveis uma da outra.

– Olá, mulher de Anúbis – disse Bata.

– Já de volta, meu irmão? – disse ela, sem erguer os olhos da trama obsedante.

– Acabaram-se as sementes e vim buscar as restantes.

Sabendo perfeitamente que as sacas não estavam debaixo da cama, mas regiamente empilhadas dentro do celeiro, Bata rumou seus passos para lá.

Depois de um certo tempo, ele completou a sua tarefa e nem de longe mostrou-se cansado, em que pese as três pesadíssimas sacas de cevada e as duas de trigo que teve de retirar a muque do estoque. (Dito assim não parece grande coisa, mas houve um comentador que calculou o montante ao equivalente de onze alqueires, o que seria uma enormidade.)

Admitindo-se, então, que se tratava de um peso muito grande, Bata, terminada a tarefa, retornou à presença da cunhada inominada, sem que o tal cronista especificasse o motivo.

Tendo, porém, despido a parte superior do seu manto, o possante Bata revelou à mulher de seu irmão o seu peito suado, único sinal revelador de um possível cansaço, já que seu rosto parecia ainda mais disposto do que antes de sua chegada.

Foi então que a mulher de Anúbis, ao erguer os olhos para ele, desinteressou-se totalmente da sua trama – o que é para nós uma felicidade, já que vem a favor daquela que realmente nos interessa.

– Nossa, você carregou todo aquele peso sem nem perder o fôlego? – disse ela, observando a respiração de Bata erguer e descer mansamente o seu peito másculo, lustroso de suor.

– Ora, isto não é nada! – disse Bata, não sem um certo orgulho viril.

(As lendas antigas não permitem a menor falha na pureza de caráter dos seus heróis, mas aqui preferimos deixar um ligeiro fiapo de culpa ao puro Bata, a fim de que ele não se converta numa marionete, despida de qualquer interesse humano.)

A mulher de Anúbis, fascinada com aquele vigor, roçou ligeiramente a ponta dos dedos no peito suado de Bata, recolhendo nele a linfa sagrada do trabalho.

– Nunca havia reparado como você é forte e belo – disse ela, com um sorriso enigmático.

Bata, percebendo que algo estranho acontecia, fez menção de se retirar.

– Bem, já vou indo levar as sacas – disse ele.

– Ora, espere um pouco, homem viril – pediu ela, contornando com os braços a cintura do cunhado. – Vamos aproveitar a ocasião para nos divertirmos um pouco.

– Anúbis me espera; devo partir.

– Bata querido, por que só pensa em trabalho? Você precisa provar, também, das delícias do amor...

O jovem tentou desvencilhar-se, mas uma mulher tomada pelo desejo pode ser bem mais pesada que qualquer saca de cereais.

– Você é virgem, mesmo...? – disse ela, subitamente. – Vamos, sacie minha curiosidade!

– Deixe-me partir!

– Não! Fique comigo, seu tolo! – exclamou ela, colando o rosto ao peito de Bata. – Quero continuar a aspirar o seu suor, pois ele me fascina loucamente!

Loucura não era um termo exagerado para definir o que se passava com aquela mulher, pois logo em seguida, parecendo tomada por um furor sensual, começou a esfregar seu belo nariz sobre o peito de Bata, tornando úmidas as suas narinas extraordinariamente dilatadas.

Num esforço brusco que fez para desvencilhar-se, Bata empurrou a cunhada, que foi bater violentamente contra a parede.

– Isto, jogue-me mil vezes à parede! – disse ela, com um sorriso de vertigem, antes de lançar-se novamente sobre o irmão de Anúbis, como uma gata selvagem.

– Você está louca! – disse ele, encarando-a firmemente.

– Bata, Bata, adorado Bata...!

– Me largue, demônia!

– Oh, adorado jovem, deitemos juntos apenas uma hora! – disse ela, quase implorando. – Cobrirei o seu pudor virginal com a minha pele macia como o mais suave dos linhos! Depois, confeccionarei especialmente para você as mais belas roupas que mãos femininas já fizeram para um ser amado!

– Deite-se com o seu marido, mulher leviana! – disse Bata, já enfurecido.

– Não...! Eu não gosto mais do cheiro dele! – explodiu ela.

O rosto de Bata era uma máscara de espanto.

– É isto mesmo que você ouviu! – disse ela, reincidindo na blasfêmia. – A partir de agora quero somente o seu divino odor!

Aquilo era, de fato, uma explosão há longo tempo represada.

Mas quando Bata saiu porta afora, a sua cunhada, dando-se conta do fracasso de sua investida, gritou-lhe, subitamente aterrada:

– Espere, meu irmão! – disse ela, que parecia ter readquirido o bom senso, pois voltara a chamá-lo pela antiga e inocente forma de tratamento. – Desculpe, não sei o que deu em mim! Não conte nada a Anúbis, por favor!

– Está bem, nada direi – disse o jovem, depois de refletir alguns instantes.

Não, a súcuba não estava arrependida, mas apenas assustada. Mal sabia o pobre Bata, ao dar-lhe as costas, que deixava atrás de si uma mulher frustrada e humilhada – ou seja, uma mulher disposta a tudo para vingar-se terrivelmente.

II – ECOS DE OSÍRIS

Os dois irmãos encerraram o trabalho somente pela noite. Bata, porém, nem de longe exausto, ainda dirigiu-se para o campo a fim de recolher as vacas para o curral, onde esperava ter com elas mais uma noite de delicioso colóquio.

Anúbis, por sua vez, tomou logo o rumo de sua casa. De longe, no entanto, viu que tudo já estava às escuras.

– Engraçado! X nunca se deita sem que antes eu retorne – disse ele.

Privado de seu ritual querido de todas as noites, Anúbis, ligeiramente inquieto, procurou logo por sua amada esposa (cujo nome ignorado vimo-nos obrigados a substituir pela incógnita vulgar e miseravelmente anônima).

– X querida! – disse ele, tateando no escuro. – Onde está você?

Não a encontrando na sala, seguiu imediatamente para o quarto.

– Ah, aí está você! – disse ele, aliviado.

Um gemido cavo partiu de debaixo das cobertas.

– O que foi, meu amor? – disse ele, novamente inquieto. – Está doente?

Outro gemido deu-lhe a certeza de que X não estava nada bem. Depois de descobri-la, chegou a ficar alarmado com a aparência de sua esposa, que tinha no rosto uma tonalidade desagradavelmente cinza.

– Por Ísis sagrada, o que está sentindo? – disse ele.

X estava realmente indisposta pois, sendo atriz eficientíssima, ingerira, um pouco antes, uma quantidade considerável de cinza misturada a sebo rançoso.

– O maldito... violador! – disse ela, vomitando a papa hedionda sobre a cama.

Quase em desespero, Anúbis tomou o rosto da amada em suas mãos.

– O que está dizendo, adorada?

– O maldito violador! – guinchou ela, agora quase restabelecida.

– Violador? – disse Anúbis, estarrecido. – Mas quem esteve aqui?

– Ele, o maldito violador!

Oh, aquilo era positivamente exasperante!

– Pelo amor de Rá, diga logo o seu nome! – implorou Anúbis.

– Ele...! O amigo das vacas! – disse ela, com ódio nos olhos.

– Refere-se a Bata? – disse ele, de maneira incrédula.

– O fornicador das vacas! O fornicador das vacas!

– X!!! Caia em si! O que está dizendo?

Fingindo acalmar-se, a esposa de Anúbis relatou, então, fazendo uso do estilo ofegante das mulheres violadas, como fora atacada pelo amigo das vacas.

– Enquanto você aguardava as sementes... o bode maldito... soltou meus cabelos... e disse que queria provar das delícias de minha boca...!

– Oh, não pode ser...!

– Pode, porque assim o foi! – exclamou ela. – Depois que me recusei a lhe conceder alguns outros favores ainda mais escusos, agarrou-me finalmente, lançando-me brutalmente de encontro à parede.

A esposa voltou-se de costas, mostrando um ligeiro vergão nas omoplatas.

– Sim, mas e antes... conseguiu ele degustar o sumo dos seus lábios?

A mulher voltou a cabeça de lado, mordendo o proeminente lábio inferior.

"Oh, não!", pensou Anúbis, amargurado.

– E o que mais? E o que mais? – perguntou, tomado por uma curiosidade que, não fosse ele a grande vítima, teria parecido quase lúbrica.

– Oh, não me pergunte mais nada! – disse X, virando de lado o corpo inteiro.

A mão introduzida entre as coxas, entretanto, foi resposta mais que suficiente.

Anúbis saltou do leito como que impelido por um mola. Depois, correndo até a cozinha, tomou uma lança e foi postar-se atrás da porta que dava entrada para o curral. Seu plano era enterrar a arma às costas de Bata assim que ele pusesse seu pé ali dentro.

Um razoável tempo se passou até que o primeiro mugido se fez escutar.

– É ele, o vilão infame! – disse Anúbis, empunhando a afiada lança.

Não, não era necessariamente ele, pois Bata, apesar de conversar longamente com as vacas, ainda não se comunicava por mugidos.

Bata, porém, vinha logo atrás, tangendo o gado, de tal forma que a vaca entrou na frente. Esta, por sua vez, ao voltar seu grande olho arregalado para detrás da porta, viu Anúbis postado, com a lança em riste.

– Múúú! Mu-mú! Mumumú-mumú! – disse ela, voltando-se para Bata, que ainda estava fora, o que, literalmente traduzido, queria dizer "Bata amado, tome cuidado, eis que seu irmão, postado insidiosamente atrás da porta, prepara-se para desferir-lhe terrível e mortífero golpe com sua afiada lança, de tal forma que o melhor que você pode fazer agora é sair correndo daqui com quantas pernas tiver, eis que sua mulher o alertou contra você!". (Os poucos mugidos atestam, apenas, que a linguagem das vacas tem um admirável poder de concisão.)

Bata, de fato, espiando pela fresta das dobradiças, identificou logo o rosto de seu irmão, contorcido pelo ódio.

Dando-lhe, então, as costas, o pobre Bata saiu correndo desabaladamente campo afora.

– Volte, vilão ruim, desonrador de seu irmão! – bradava Anúbis, correndo atrás dele com a lança em punho.

Bata, então, descrendo totalmente das suas pernas, resolveu parar e erguer uma prece desesperada ao poderoso Rá:

– Rá poderoso, ateste minha inocência, impedindo que se consuma neste instante a mais negra das injustiças!

Apesar de ser noite – e de Rá, consequentemente, estar a percorrer com sua barca solar as trevas noturnas do Amanti –,

Bata teve a felicidade de ver seu pedido imediatamente atendido. Entre os dois, perseguido e perseguidor, abriu-se um pequeno rio infestado de crocodilos, o que impediu Anúbis de efetivar a sua ira.

– Meu irmão, sou inocente! – disse Bata, em desespero. – Não dê ouvidos às palavras daquela meretriz infame!

– Canalha! – esbravejou Anúbis, do outro lado. – Além de violar minha amada X, ainda tem a vileza de chamá-la de meretriz?

Cego de ódio, Anúbis arremessou a lança, mas ela passou distante do seu alvo.

Vendo, dessa forma, que seu irmão preferia antes dar razão à rameira do que a seu irmão fiel e dedicado, Bata decidiu cometer um gesto horrível e extremado.

– Aqui está a prova de que não sou escravo de meus desejos! – disse ele, puxando para fora da túnica o seu órgão gerador. – Que a sua própria lança cumpra a vingança!

Tomando, então, da arma caída, Bata cortou fora sua genitália e lançou-a dentro do pequeno córrego repleto de crocodilos.

Entretanto, não foi crocodilo algum que abocanhou o petisco, mas um ágil bagre que ali estava misturado. Depois de engoli-lo numa única bocada, o peixe desapareceu rapidamente nas profundezas do curso d'água.

Anúbis, do outro lado, arrependeu-se no mesmo instante e pôs-se a lamentar a má sorte do irmão, sem poder atravessar o rio para oferecer-lhe ajuda.

– Adeus, Anúbis, pois já não posso estar com você – disse Bata, afastando-se. – Parto agora para o Vale dos Pinheiros, onde desde já passarei a residir sem meu coração, eis que o arrancarei de meu peito, colocando-o sobre uma flor do mais alto dos pinheiros. Quando essa árvore estiver na iminência de ser cortada, tome meu coração em suas mãos, a fim de salvar a minha vida, colocando-o em seguida em um vaso com água.

– E como saberei que seu coração estará em perigo? – disse Anúbis, que apesar do terrível transe, ainda teve tino para esmiuçar os detalhes do extravagante projeto.

– Quando uma jarra de cerveja começar a ferver em suas mãos, este será o sinal – respondeu o irmão, desaparecendo logo em seguida, com as mãos à virilha.

Anúbis, contudo, não foi capaz de perguntar como o seu querido irmão faria para sobreviver sem o coração. Deixando esse detalhe insignificante de lado, voltou, então, seus passos na direção da casa, onde tinha algo mais urgente a fazer.

Na mesma noite a encantadora X foi morta por ele e lançada porta afora, para deleite supremo de todos os vira-latas da região.

III – A MULHER DE BATA

Bata vivia agora numa casa de sapê, improvisada debaixo de uma árvore, nas profundezas do Vale dos Pinheiros. Num dos ramos do pinheiro, pousado sobre uma folha, podia-se divisar seu coração, ainda perfeitamente vivo e incorruptível.

Além de dialogar livremente com as vacas, Bata também tinha o dom invejável de receber visitas diárias do deus supremo. Foi assim que um dia viu-se chamado para fora de casa por uma voz retumbante:

– Bata, saia já, eis que tenho boas-novas a lhe comunicar.

O pobre jovem, desprovido do coração e da virilidade, correu para fora.

– Seu nome está limpo, eis que seu irmão, Anúbis, iluminado por meus divinos raios, reconheceu sua inocência, liquidando com a causadora de sua desgraça.

– Oh, muito obrigado, Rá supremo! – disse o jovem emasculado.

– E para impedir que sua solidão seja total, eis que confeccionei uma mulher para você – disse Rá, apresentando-o à sua bela e futura esposa.

Tal como Jeová presenteara um dia a Adão com a doce Eva, e Zeus a Epimeteu com a suavíssima Pandora, assim Rá soberano, decidido a emular as divindades rivais, presenteou Bata com o melhor produto de sua arte consumada.

Infelizmente, parece que o cronista original desta história fazia pouco caso de nomenclaturas femininas, pois também aqui não se dignou a mencionar o nome desta criatura encantadora – razão pela qual a chamaremos simplesmente de Y, para diferenciá-la de X, convertida agora em miserável repasto de cães.

– Infelizmente, sou obrigado a preveni-lo de que sua esposa terá um fim trágico e perfeitamente lamentável – disse o deus.

Bata e Y, afora o fato de viverem sob o peso da negra profecia e da ausência em Bata daquilo que faz a virilidade de um homem, viveram felizes por um bom tempo.

Um dia, entretanto, Y enxergou o coração de Bata em cima de uma folha. Intrigada, foi correndo perguntar-lhe:

– De quem é, meu amado Bata, aquele coração incorrupto, a bater em cima da folha do pinheiro? – disse ela, ofegante.

Bata, que por algum motivo havia deixado de mencionar o fato, contou ser dele.

– Ah, é...? – disse ela, animada.

No mesmo instante, voltou à árvore e pôs-se a procurar novamente, com um entusiasmo verdadeiramente empolgante.

– O que procura, ainda, minha adorada? – disse Bata, intrigado.

Y cochichou-lhe algo ao ouvido, escarlate até a raiz dos cabelos.

– Esqueça – disse Bata, contrariado. – O que você procura está para sempre enterrado no ventre de um bagre.

A pobre Y deu um sorriso amarelo, fazendo descair os ombros.

Ora, um dia a esposa de Bata estava banhando-se no mar – pois a dita floresta ficava próxima ao mar – quando uma de suas madeixas desprendeu-se e foi dar à costa do Egito, onde as lavadeiras do Faraó cumpriam sua função (presumivelmente, com água salgada). Acontece que o perfume dos cabelos da mulher de Bata era tão forte e delicioso que acabou por misturar-se a todas as roupas que estavam sendo lavadas, a ponto de fazer com que o Faraó indagasse daquelas mulheres que tipo de sabão andavam usando para a lavagem.

– Não foi sabão algum, grande filho de Hórus, mas esta madeixa aromática que espalhou o perfume em todas as vossas roupas – disse a chefe das lavadeiras.

Enfeitiçado pelo perfume, o Faraó ordenou imediatamente a seus magos que descobrissem quem era a dona daquela encantadora madeixa.

Não demorou muito – pois seus magos eram extraordinariamente eficientes – para que o Faraó descobrisse a origem daquela maravilhosa madeixa.

– Ela pertence, ó magnânimo Filho do Sol, a uma sua irmã em Rá – disse o poderoso mago –, e o fato de ter chegado até suas praias, impregnando suas vestes com seu odor divino, é um sinal evidente para que vossa alteza faça dela sua esposa.

– Mas onde ela se esconde? – quis saber o angustiado Faraó.

– Ela vive na Floresta dos Pinheiros, no país dos cedros olorosos.

Uma expedição partiu até a floresta para trazer a mulher de Bata.

Este, entretanto, não quis saber de conversa e matou todos os emissários do Faraó, sob os aplausos entusiásticos de sua fidelíssima esposa.

Uma segunda expedição, dotada de soldados e carros de guerra, partiu logo em seguida, levando também uma arma que dispensava todas as demais: um baú repleto de joias, destinado a vencer a resistência da virtuosíssima mulher.

A mulher de Bata, embora divina, terminou cedendo.

– Bata, afinal de contas, não passa de um homem sem coração – dizia ela a si mesma, abraçada ao baú, enquanto rumava para os esplendores da corte.

IV – A MULHER DO FARAÓ

Apesar de ter conquistado o que queria, o Faraó não era bobo – senão não seria Faraó –, e por isso mandou seus homens procurarem o rival na tal floresta, para ter a certeza de que ele não tentaria estragar a sua vitória.

– Matem-no – dissera ele, concisamente.

Mas seus homens não puderam encontrá-lo, então o Faraó teve uma longa conversa com a esposa para tentar descobrir qual era o ponto fraco de seu ex-marido.

A mulher de Bata, contudo, procurou ser fiel ao menos à vida de seu ex-consorte.

– Jamais o entregarei à morte – disse ela, com uma determinação admirável.

O Faraó, no entanto, era mesmo persistente.

– Então não nos restará outra coisa a fazer senão nos resignarmos a viver o resto de nossos dias sob a sombra funesta dessa ameaça – disse ele, num tom sinistro.

– Ameaça...?

– Terrível ameaça.

– E pelo resto de nossos dias...? – disse ela.

– Sim, pois seu ex-esposo jamais desistirá de tentar reavê-la.

– Mas não estou bem protegida em seu palácio?

– Não há lugar seguro diante de um homem decidido a vingar-se.

– Nem mesmo a guarda do Faraó do Egito?

– Nem mesmo a guarda de Rá supremo – disse o Faraó, apostando tudo.

A mulher do Faraó baixou a cabeça, estudando um por um os dedos dos seus pés.

Não, felicidade, decididamente, não rimava com inquietação – tal foi o produto de sua profunda reflexão.

"Sim, Bata é verdadeiramente um homem sem coração!", pensou ela.

– Terrível para Bata seria ver cortado o pinheiro onde repousa seu coração insensível – disse ela, como se falasse para si mesma.

– Compreendo perfeitamente, rainha de todo o Egito, a sua recusa em levar adiante esta conversa – disse o Faraó, num lance de admirável tato psicológico.

No dia seguinte, três fatos concomitaram admiravelmente: o corte do pinheiro fatídico, a morte instantânea do miserável Bata e a efervescência da jarra de cerveja na casa do irmão do miserando Bata.

– Bata corre perigo! – exclamou aquele que era viúvo por culpa própria.

Largando tudo, Anúbis correu até a casa onde Bata se escondia, apenas para encontrá-lo morto e estirado ao solo.

– A profecia cumpriu-se – disse Anúbis.

Lembrando, no entanto, das palavras de seu irmão, o pobre viúvo saiu em busca do coração perdido – périplo exaustivo que consumiu, segundo o cômputo da versão na qual nos baseamos para fazer a nossa, nada menos de três longos anos.

Anúbis, reeditando de maneira parecida a busca de Ísis pelo corpo de seu esquartejado Osíris, finalmente encontrou o coração do irmão disfarçado numa bela fruta. Tomando-o imediatamente nas mãos, mergulhou-o num recipiente com água.

– Oh, ele se mexe! – disse Anúbis, comovido.

No mesmo instante seus olhos voltaram-se para o corpo do irmão – o qual, apesar dos três anos passados, permanecia incorruptível – e ele viu-o movimentar-se em miraculosos e vivificantes espasmos.

Anúbis recolocou, imediatamente, o coração no peito de Bata, o qual, depois de ter passado do estágio de eunuco para o de cadáver, voltou novamente a gozar das delícias de estar vivo – só que sob a forma de um touro de variegadas cores.

– Vamos ao Egito, meu irmão – disse ele, transformado finalmente no verdadeiro amigo das vacas. – Tenho de vingar-me daquela pérfida traidora.

Montado às costas de seu irmão, Anúbis seguiu com ele até as terras do Faraó, onde foram postar-se bem no caminho por onde passava a comitiva real.

– Veja, amada Y (pois assim combinamos chamar a esposa inominada do Faraó), que belo touro ali está! – disse o senhor do Alto e do Baixo Egito.

A mulher do Faraó, encantada com o animal e pouco disposta a perder a chance de adquirir qualquer coisa que sua vontade quisesse – pois tal era a lei suprema de sua nova e fascinante vida, pela qual chegara até a premeditar um assassinato (ainda que isto tivesse sido feito de uma maneira tão propositadamente vaga que, já passados três anos, ela não admitia mais, nem para si mesma, a autoria intelectual do fato) – decidiu, então, a rainha... ela decidiu que era hora...

Mas como era mesmo, afinal...? Ah, sim! A mulher do Faraó ficou tão encantada com o belo animal de aspas coloridas – se tal coisa havia naquele (ou em qualquer) tempo – que pediu a seu esposo que adquirisse para si aquela magnífica prenda.

O Faraó nem piscou e mandou um de seus lacaios efetuar logo a compra, pois ainda estava nos risonhos primeiros meses de seu casamento.

Anúbis, bem instruído pelo irmão, fez o lucrativo negócio, e Bata-touro passou, assim, para as mãos do Faraó e da filha de Rá, sua divina esposa.

Os dias passaram-se, até que, numa tarde, a ex-esposa de Bata foi ver o touro, que a encheu de assombro ao começar a falar diante de seus olhos.

– Pérfida traidora! – disse ele.

– Quem é você, touro com voz de homem? – exclamou a pobre mulher.

– Sou aquele homem justo que você trocou por uma mísera caixinha cheia de bugigangas!

(Na verdade, colocando a coisa em termos mais verazes, ela trocara Bata – que não passava, então, de um mendigo sem pênis nem coração, vivendo num casebre de pau a pique – por um baú repleto das mais valiosas joias do universo, além de uma vida faustosa no palácio do maior imperador do mundo.)

O fato é que a rainha ficou tão apavorada diante dessa terrificante revelação que saiu correndo, louca de medo de levar uma chifrada ou de ser pisoteada até a morte, e foi trancar-se em seus aposentos, depois de postar um pequeno exército à sua porta.

A esposa do Faraó consumiu a noite inteira para inventar um plano que a livrasse, de uma vez por todas, do importuno Bata-boi, até que, ao amanhecer, ela já o tinha inteiramente desenhado no quadro-negro do seu cérebro.

– Faraó, meu marido, dê-me uma festa! – disse a sua esposa, tão logo ele acordou, estando ambos ainda na cama.

– Outra, meu amor? – disse ele, ligeiramente contrafeito, pois o casamento já avançara mais um pouco desde o último pedido.

– A maior de todas! – disse ela, imperativa.

O Faraó coçou a orelha e voltou a cabeça na direção dela.

– Está bem, adorada Y – disse ele finalmente. – Será como quiser.

Da cama pulamos para a festa – a qual não descreveremos em nenhum detalhe, senão que lá estava a esposa do Faraó, cercada de admiradores, enquanto o próprio Faraó, que ela cuidara de embebedar, jazia sentado em seu trono, com o ar meio abobalhado.

– Faraó, meu marido – disse ela, já aos pés do soberano. – Quero que me conceda mais outro pedido, o maior de todos.

– Esta é boa – disse ele, com a voz meio pastosa. – Na maior das festas o maior dos pedidos!

– Exato – disse ela. – Não lhe parece justo?

– Extremamente justo – disse ele, observando as vestes apertadas da esposa.

– Quero que mande retirar do touro o seu fígado, eis que desejo imensamente banquetear-me com sua carne – disse ela, à queima-roupa.

– O belo touro de variegadas cores?

– Sim, o belo touro de variegadas cores!

Assim, o belo touro de variegadas cores foi sacrificado em meio à festa, para delícia da rainha, que, além de livrar-se de uma poderosa ameaça, ainda pôde banquetear-se com o fígado saboroso de seu ex-marido.

– Um órgão a mais, outro a menos, ora bolas! – disse ela, satisfeita.

O touro fora sacrificado diante do grande portão do palácio. O que ninguém percebera, no entanto, fora que duas gotas do precioso sangue de Bata metamorfoseado em touro haviam caído sobre o chão.

Pois bem, acabada a festa, aquelas duas gotas transformaram-se em dois belos abacateiros, que o Faraó, na manhã seguinte saudou com satisfação:

– Ora, vejam, que dois belos abacateiros nasceram da noite para o dia!

Imediatamente, mandou chamar a rainha e ambos foram descansar ao pé das duas árvores.

– Uma delícia a sombra destas duas belas árvores, não, minha adorada? – disse ele à esposa que, no entanto, depois da esplendorosa festa, não parecia lá muito encantada com aquela diversão medíocre, muito abaixo, na verdade, dos deleites supremos reservados a uma mulher de sua posição.

Enquanto o Faraó ressona, a mulher escuta estas desagradáveis palavras:

– Pérfida mulher, minha essência permanece viva e daqui destes dois abacateiros continuo a tramar a sua desgraça!

– Faraó, Faraó! – gritou ela, sacudindo o esposo. – Acorde, pois eis que fui assaltada por um novo e irreprimível desejo!

– Irreprimível, mesmo? – disse ele, algo incomodado.

– Absolutamente irreprimível! – exclamou sua esposa, insaciável de desejos. – Quero que transforme estes dois insossos abacateiros em móveis de bela madeira!

Inútil pretender negar. Logo os machados começaram a sua nefasta obra de destruição. Enquanto eles caíam com força renovada sobre o tronco das duas árvores, a mulher do Faraó regozijava-se interiormente: "Espero que este seja o seu fim, de uma vez por todas, odioso Bata!".

De repente, porém, uma lasca da madeira saltou certeiramente sobre a boca da rainha e foi alojar-se dentro do seu útero. Nove meses depois a esposa do Faraó dava à luz um garotinho, que não era outro senão seu ex-marido Bata, o qual, depois de ter sido bebê há muitos anos, fora também, sucessivamente, homem, eunuco, cadáver, touro de variegadas cores, dois abacateiros, uma lasca de madeira e, finalmente, um bebê outra vez.

Bata-disfarçado-de-filho-do-Faraó foi proclamado herdeiro do trono do Egito e, tão logo assumiu o governo, reuniu um conselho e mandou chamar à sua presença a sua mãe – na verdade, sua pérfida ex-esposa – para que fosse julgada.

Infelizmente, a versão antiga não diz de que forma a mulher do Faraó foi executada (já que sua condenação é evidente), limitando-se apenas a referir que Bata governou o Egito até a sua morte, sem mais qualquer metamorfose, e que depois o cargo foi passado a seu fiel e dedicado irmão, Anúbis.

FIM